MART

TRÖM ÉDITIONS
ID GIANNONI, ÉDITEUR
NCIENNEMENT ÉDITIONS IMAGES D'YVOIRES)

118, rue de la Station de Woluwé
B-1200 Bruxelles, Belgique

tél. / fax +32 (0)2 772 06 03
info@maelstromeditions.com
www.maelstromeditions.com

Illustration	Xavier Löwenthal
Maquette de la couverture	Fabien Deflorenne
Mise en pages	Danielle Shelton

Ce livre a été réalisé avec le soutien du Ministère de la Culture de la Communauté française de Belgique.

ISBN : 2-921956-24-1 (Canada) – 2-930355-27-1 (Belgique)

[illegible]

[illegible]

On vit drÔle

[illegible]

[illegible]

Éditions Adage inc.
Danielle Shelton, éditrice

12 306, boulevard O'Brien
Montréal, Québec, Canada H4J 1Z4

tél. 514 336 2938
téléc. 514 336 0614
adage@adage-edition.com
www.adage-edition.com

Catalogage avant publication de Bibliothèque et Archives Canada

Ganz, Otto, 1970 -

On vit drôle : roman

Publ. en collab. avec Éditions Maelström.

ISBN 2-921956-24-1 (Éditions Adage)
ISBN 2-930355-27-1 (Éditions Maelström)

I. Guilbault, Anne, 1968 - . II. Titre.

PQ2667.A58O5 2005 843'.914 C2005-940049-8

L'éditrice remercie le Conseil des Arts du Canada de l'aide apportée à son programme de publication. Elle remercie également la SODEC, du ministère de la Culture et des Communications du Québec, de son soutien.
Les éditions Adage inc. bénéficient du Programme de crédit d'impôt pour l'édition de livres du gouvernement du Québec – gestion SODEC.

Dépôt légal – 1er trimestre 2005
Bibliothèque nationale du Québec
Bibliothèque nationale du Canada
ISBN : 2-921956-24-1 (Canada) – 2-930355-27-1 (Belgique)

Otto Ganz   Anne Guilbault

On vit drôle

roman

Adage   Maelström

Pour Orlando de Rudder

Werner Lambersy

Léo Beeckman

Chantale Gingras

Anne-Marie Duval

Pierre

Égée

« Car si je ne crois ni en dieu ni au diable ni dans l'absolu,
je crois en revanche à l'existence de l'âme.
Me voilà bien avancé ! »

Werner Lambersy / Jean-Claude Bologne, *L'os à souhaits*.

« En fait la voie passe par un fil qui n'est pas tendu en hauteur, mais très près du sol, plus là pour faire trébucher que pour être franchie. »

Franz Kafka, *Aphorismes*.

« Paresser sans fin dans ce chaos universel. »

Marc Vaillancourt, *Équation personnelle*.

I

Faut pas se laisser berner... faut ni en faire accroire ni risquer de m'y méprendre... pas parce qu'on m'appelle Petite-Misère qu'on peut me poser un lapin ou me faire avaler des couleuvres. Que ça me permette de faire des bêtises sans me faire gronder, d'accord… Que ça ajoute à mon charme, peut-être bien. Mais c'est seulement une deuxième peau qui camoufle l'autre. La vraie. Celle qui n'est pas misérable du tout à mon avis. Moi je dis qu'il vaut toujours mieux avoir deux épaisseurs pour se protéger des malfaisances de la vie.

Faut jamais prendre de pari sur la chance : on sait jamais ce qui peut nous arriver. Par exemple si je vais jouer à l'étang et que j'en reviens toute trempée, Grand-mère dit seulement « Tu veux-tu attraper ton coup de mort ? » Puis elle cherche partout des serviettes et du linge sec pour que je ne meure pas de froid. Si j'avais pas ma peau de Petite-Misère, peut-être qu'elle hurlerait « Espèce de petite bâtarde ! Viens ici que je t'apprenne à faire l'imbécile ! T'es qu'une bonne à rien ! Comme ton père ! Comme ta mère ! T'es ben la fille de c'te fils que j'ai eu qui est même plus un fils et qui nous a abandonnés avec la ferme et ses deux bâtards. Et l'autre ? Sa pauvre folle de sœur qui s'est laissée faire comme une catin puis qui est partie elle aussi sans un regard en arrière, etc., etc., etc. » et toutes les douceurs du genre qu'elle garroche à mon frère dès qu'il oublie de faire quelque chose.

Personne n'appelle jamais mon frère ici. Il est juste là. On le nomme jamais. En vérité vraie il a un nom mais il l'utilise juste quand il est à l'école. Et là encore, il se reconnaît pas vraiment quand la maîtresse l'appelle. Moi je l'aime bien mon frère, mais qu'on s'attende plus à ce que je lui donne un nom pour avoir l'air d'une extravagante. Je lui dis juste « Eh ! Tu veux pas jouer aux billes avec moi ? » Bien sûr il dit non, parce qu'on va pas jouer aux billes avec les petites filles, surtout si elles s'appellent Petite-Misère.

Mon frère est grand, mais je gage qu'il a jamais embrassé une fille sur la bouche. Il dit que si, mais j'en crois rien... à d'autres... je suis pas née de la dernière suie. Quand il voit des filles, rouge qu'il devient, surtout quand elles ont des seins. Au fond je le comprends un peu de rougir quand les filles s'approchent de lui. Y a pas à dire, c'est quand même embêtant d'avouer qu'on n'a pas de nom.

Je lui ai conseillé de s'en inventer un, mais il a répondu « Ça se fait pas, un nom, ça doit être donné par quelqu'un d'autre, idéalement les parents. Pas par soi-même. » Elle est où la solution, alors?

Nos parents, c'est une histoire compliquée. Faut bien commencer par quelque part : ils sont partis, emportés au vent un jour et on les a pas revus. Ce qui n'est pas simple, c'est qu'ils sont pas partis en même temps, ni dans la même direction. Grand-mère dit que notre père s'est sauvé au Diable au vert « mais que s'il s'avise de r'tontir ici un de ces jours, il le paiera... » Alors mon frère, il est pas près d'être baptisé. Encore un bon bout de temps dans les limbes qu'il va rester, si vous voulez mon avis. Un jour, juste pour tenter l'expérience, je lui ai donné un nom. Je l'ai appelé « Eh, Ismaël ! est-ce que je peux aller pêcher avec toi ? »

J'ai dit Ismaël, comme dans *Moby Dick*. C'est venu comme ça. C'était pas réfléchi. J'en avais assez de dire seulement « Eh ! » en m'adressant à lui. Y a comme un trou dans la phrase si je dis juste « Eh ! » ou rien du tout, comme d'habitude. Mais j'ai plus jamais recommencé parce qu'il m'a regardée avec un drôle d'air... Je savais pas s'il allait me battre ou se mettre à pleurer. D'imaginer mon frère en train de pleurer, c'est la dernière chose que je voudrais voir en ce bas monde d'âmes perdues qu'on est. Ça serait comme soixante-quinze journées de pluie sans s'arrêter. Alors voilà, je ne l'appelle plus... Tant pis pour lui, pour moi, pour ceux qui pensent que tous on a reçu une âme en même temps qu'un nom, avec le premier cri.

N'empêche que – j'aime bien l'expression « n'empêche », parce que ça sert à tout cette expression, alors j'en pose un peu partout, comme les « juste » ou les « de toute façon ». C'est comme des poteaux qui me permettent de retrouver mon chemin si je venais à me perdre... et puis je « digresse », dit Grand-mère avec ses gros yeux de loutre. Ça veut dire que je me perds dans ce que je raconte. « Faut s'y faire » moi je réponds, parce que je m'en hausse les épaules. Ça m'arrive par ailleurs souvent, faut pas croire. N'empêche, donc, que depuis ce jour il arrête pas de me suivre partout comme un petit chien. Il m'emmène même pêcher tous les samedis. Grand-mère aime pas trop que je l'accompagne, mais j'ai dit « Je vais perdre mes couleurs à rester toujours enfermée dans la maison. » Ça l'a fait réfléchir. Elle a donné une grande claque derrière la tête de mon frère et ça voulait dire « T'as intérêt à faire attention à la p'tite. »

Grand-mère ne lui adresse jamais directement la parole, sauf pour lui dire qu'il est bien le portrait tout craché de notre père, ou pour lui lancer toutes les douceurs dont je parlais tantôt. Qu'il soit bien le portrait tout craché de notre père, j'en sais rien parce que j'ai jamais vu de portrait craché de notre famille. Pourtant, elle devrait être contente que son petit-fils aime pêcher... Ça devrait lui rappeler son père à elle qui était marin au long cours... « Il est mort heureux, c'pauvre homme », elle dit parfois, « englouti par la mer avec son bateau... pas d'enterrement, pas de tombe... pas d'obligation pour la famille de pleurer devant une boîte de bois recouverte de fleurs. Juste un service funèbre et à Dieu-vat. Ça, c'était un homme qui pensait à sa famille ! Pas comme c't'e maudit fils qu'on dirait que c'est pas un fils, qui a engendré des enfants contre nature juste pour gâcher la vieillesse de sa pauvre mère ! »

Ma grand-mère ne fait jamais le lien entre le portrait de son père et celui de mon frère. À croire que la filiation existe uniquement entre notre père et mon frère. Et puis comme mon grand-père il a été donné par les fées... au fond des choses, il ne compte pas vraiment... drôle d'histoire, la famille. Moi, ça me donne des migraines.

Aujourd'hui, c'est pourtant bien samedi, mais mon frère m'a pas réveillée comme d'habitude à six heures du matin. En premier, quand j'ai ouvert les yeux, j'ai pensé « il est trop tôt, il dort encore, je vais aller nourrir les bêtes, comme ça on aura de l'avance pour la journée ». J'ai fait ça. Il y avait encore de la brume qui flottait dans le poulailler; les lapins dormaient, planqués dans la paille au fond de leurs clapiers : ça remuait doucement avec leur respiration. Ensuite, je suis revenue à la maison et j'ai frappé à sa porte. Il a pas répondu... alors j'ai ouvert.

Ça m'a donné un coup, quand même... quand j'ai constaté qu'il était déjà parti avec sa canne à pêche sans m'avoir réveillée. Pas que j'aie *vraiment* mais *vraiment* cru qu'il m'emmènerait pêcher avec lui comme ça tous les samedis de toutes les années de toute sa vie entière, mais les habitudes, ça s'attrape sans y penser... Maintenant le samedi, pour moi, c'est le jour de la pêche avec mon frère... et là, je sais pas trop quoi faire de ma peau en attendant qu'il revienne. J'ai essayé de jouer avec une poupée, mais je n'ai su que la noyer dans la boue. Je me suis assise dans la balançoire... ça m'a donné mal au cœur.

Maintenant, je sais pas quoi faire d'autre que d'attendre. J'espère qu'il va rentrer bientôt parce qu'il fait déjà noir, et je sais pas comment il va s'y prendre pour retrouver son chemin dans la noirceur. Grand-mère dit « Te ronge pas, ça devait arriver un jour ou l'autre... il fallait s'y attendre avec son sale caractère... bon débarras, ça fera une bouche de moins à nourrir et un feignant de moins dans le voisinage... » Mais j'entends bien qu'elle ne s'adresse pas à moi...

N'empêche, s'il est pas revenu demain, moi je sais pas ce que je ferai... S'il est encore allé traîner avec Franz... si c'est pour ça qu'il ne m'a pas emmenée pêcher aujourd'hui, il apprendra de quel bois je me chauffe et de quelle étoffe je suis tressée, c'est moi qui vous le dis. Moi aussi j'irai traîner avec Franz sans l'avertir. Moi aussi je disparaîtrai quand il s'y attendra le moins. Moi aussi je lui laisserai le temps d'attendre... On verra bien si je digère les couleuvres ou non, on verra bien ce qu'on verra...

II

Qu'un frère n'ait pas de nom et que son absence de nom mette des trous dans mes phrases, déjà, c'est pas simple. Si, en plus, il n'a pas de mémoire... si, en plus, il m'oublie pour partir pêcher... « Quel ours ! » moi je dis. « Quel ours ! » je crie par la fenêtre de la cuisine... Peut-être, il entendra ?

Mon frère est un ours... j'arrive pas à lui en vouloir... ça fait trois jours qu'il est pas rentré. Il est pas parti pêcher, j'aurais dû m'en douter... On part tous dans cette famille, on n'arrête pas de s'abandonner... faudra pas venir s'étonner qu'on ne se connaisse pas.

Je sais que les choses sont pas zéternelles... c'est un mot que j'entends toujours à l'église. Tous les dimanches matin, lorsqu'on va à l'église, dans la maison de Bondieu, un vieux type puant parle, les bras en l'air, des réalités zéternelles. C'est joli tout ça, mais les mots que j'entends à la messe, j'arrive pas à les voir. Ce sont des mots qui n'ont pas d'odeur ni de couleur. Comme ce fameux Bondieu qu'est censé nous apporter rien que du bonheur, mais seulement lorsqu'on sera morfoutus comme des rats crevés.

Le vieux type tout sec nous parle de réalités zéternelles. Donc, qui durent toujours. Et ce que je vis le dure pas... toujours. Et puis l'éternité, pour ce que j'en imagine, c'est rien qu'une multiplication à l'infini de la bouillasse de vie qu'on mène… Et il faudrait qu'on prie pour ça ?

Zéternelle, c'est rien d'autre qu'un chouette mot... je les collectionne parfois un peu, même si moi non plus j'ai pas de mémoire. Je me les répète inlassablement jusqu'à ce que le vieux Samuel dans ma caboche hurle « Stop ! Suffit ! Tu vas me rendre fou ! » Zéternelle, c'est un nom qui s'envole, comme tourterelle ou zétourneau. Quand on dit les zétourneaux, moi je lève toujours les yeux vers les nuages. Lorsque mon frère qu'a pas de nom lève les yeux avec moi et qu'on regarde le rien qui se passe là-haut, il me dit « Petite-Misère, je vais pas rester ici toujours dans ce trou perdu… »

Moi ça m'effraye. « Tu m'emmèneras avec toi ? » que je demande… mais je sais bien que je partirai pas. Qui va s'occuper de Grand-mère ? Hein ? Peut-être qu'avec les bougies qu'on souffle chaque année, on souffle un petit bout de ce à quoi on tient ? Hein ? Un petit bout de l'âme que Jésus, le fils du Bondieu des zéternités, nous a donnée ? J'en sais rien. Vu que mon frère a jamais été baptisé, peut-être que lui, il n'en a pas... une âme ?

De toute façon, j'm'en fous, qu'il en ait une ou pas. Je l'aime bien sans ça. Et puis, y a Grand-mère qui dit « C'est pas l'âme qui fait grossir. » Mon frère, l'est pas bien gros. On est tous pas bien gros dans la famille, sauf Grand-mère, mais c'est tous les soucis que lui a faits sa damnée fille, elle dit toujours. Grand-père avait l'habitude de dire qu'elle bouffait comme quatre, mais motus... je l'ai jamais répété... motus.

Peut-être qu'elle bouffe pour tous ceux qui sont partis... Son mari (qu'est aussi mon grand-père); son père à elle; son damné fils qu'est aussi mon père à mon frère et à moi; la maudite fille qu'est aussi ma mère mais qui est morte et qu'elle, Grand-mère, l'avait bien prévenue mais qu'elle n'en a fait qu'à sa tête.... Ça fait quand même que quatre, malgré toutes les apparences… plus elle : cinq.

Elle bouffe pour ce que les autres lui ont donné de famine, voilà ce que je pense. Puis si mon frère qu'a pas de nom revient pas, ça va faire six. Une famille simple comme le soir qui tombe pour chaque nuit... du simple comme on n'en fait jamais par exprès... Exploser qu'elle va faire, Grand-mère, si ce que je pense se vérifie. Alors je l'observe manger. Elle, elle me dit « Petite-Misère, regarde dans ton assiette ou tu vas manger de l'air. » Comme si ça faisait grossir…

Franz m'a appris à cracher contre le vent. Le truc, c'est de se retirer vite pour pas se reprendre le glaviot dans la poire. La première fois, je l'ai ramassé juste droit dans l'œil, le molard glissait sur ma joue et j'ai éclaté de rire en m'essuyant avec ma manche. Franz aussi riait, mais de moi. C'est pour ça que je m'entends aussi bien avec lui. Après les Glises, comme disait mon frère quand il était p'tit, je vais jouer dans les trous qu'il creuse au fond du jardin, autour de la cabane qu'il a construite et dans laquelle il habite et c'est tout petit. Y a juste un lit, une table et un placard fermé par une tenture. L'est pas bien riche, Franz. Moi, je joue dans les trous boueux. C'est un secret : il cherche le revolver qu'il a enterré à son arrivée dans la famille. Comme il a pas plus de mémoire que le vieux Samuel qui chante dans la maison de poupée de ma tête, il a oublié où il a inhumé le flingue.

Aujourd'hui, j'ai fait semblant d'être à l'école : j'étais cachée dans un trou. J'aime pas l'école qu'est pleine de bouseux… la bande du Saroux, entre autres difformes de la gueule. J'ai pas eu envie de voir leurs sales binettes de paysans, voilà tout, on ne va pas en faire un fromage... je suis pas responsable de leur moche tronche. Il a commencé à pleuvoir. L'eau tombait toute droite du ciel, et j'ai glissé sur le bord du trou. C'est sûrement parce que j'ai crié en glissant que Franz a sorti la tête de sa cabane. « Mam'zelle, sors de là ! Tu vas encore toute te dégueulasser ! », il a grondé avec son drôle d'accent. Ça m'a fait rire… « Son drôle d'accent de Chleuh », disait Grand-père. Il m'a aidée à sortir du pétrin, en y entrant à son tour. De l'eau jusqu'aux genoux il avait, et ça n'en finissait pas de tomber.

Dans la cabane, c'est petit mais plein de secrets. Franz m'a frictionnée avec de l'alcool. Ça brûlait bon au corps. Mes vêtements, il les a mis à sécher au-dessus du poêle. J'ai pas remarqué tout de suite qu'il était nu, mais je suis pas née de la dernière nuit non plus, j'ai bien vu comment il était gêné… J'ai baissé les yeux, parce que sa gêne m'a rendue timide. C'est la première peau qui ressort. Il a cherché sa couverture des yeux, mais il m'avait emmaillotée dedans, alors il a remis son caleçon mouillé.

On a attendu que ça cesse de tomber, sans rien dire. J'espère que Grand-mère va pas me coller une rouste quand je vais rentrer. Faudra bien que je mette en avant ma seconde peau. Là, je suis nue comme un ver de terre sous une couverture : ma Petite-Misère de peau est aussi mouillée que la première.

Grand-père était pas grand, il avait juste de grosses mains, bien rouges, « en pur cal d'humain », il disait. C'est bien simple, ses paumes, on aurait dit du cuir. Il était pas bien grand, même à moi, il paraissait tout petit... et il était encore plus tout petit à côté des autres hommes. Grand-mère me raconte souvent que le jour où Franz est arrivé pendant la nuit, Grand-père lui a pointé son couteau sur le bas du ventre, en remontant vers le haut… parce que mon Grand-père était tout petit.

Un lutin cet homme, c'était. Grand-mère dit parfois qu'elle l'a volé aux fées qui l'utilisaient pour essuyer leurs ailes.

– Il courait tout nu avec les fées, là-bas, dans le petit bois près du calvaire en ruine. Je l'ai vu, et j'ai su que c'était lui qu'il me fallait. Alors j'ai volé les robes des fées… Lorsqu'on vole le vêtement d'une fée, elle est emprisonnée de ce côté-ci du monde. J'ai promis que j'échangerais leurs robes contre le petit bonhomme comique. C'est comme ça que ça s'est passé.

– T'as vu quoi en premier, de Grand-père ?

– Sa petite bistouquette, mon poussin, sa minuscule bistouquette qui ballottait entre ses jambes, en éclatant de rire.

Moi, je sais pas ce qu'il y a de si « comique » là-dedans, mais je ris du rire de Grand-mère.

Lorsque je suis rentrée à la maison, mon frère était toujours pas réapparu. C'est peut-être pour ça que Grand-Mère n'a rien dit... malgré que j'étais toute dégueulassée. Elle a juste fait chauffer de l'eau et m'a lavée en soupirant. J'ai passé une grosse chemise de nuit toute blanche. « Sainte Petite-Misère, j'ai dit en me regardant dans le miroir... Sainte Petite-Misère-des-enfants-boueux. » Mais ça ne m'a même pas fait rire.

J'ai entendu Grand-mère dire à Grand-père « Petite-Misère s'est encore battue. Elle se bat trop souvent et toujours avec la même bande de garçons. » J'étais assise dans l'escalier, le front appuyé contre un des montants de la rampe. Il faut toujours écouter ce qui est dit, tout, de peur de perdre les mots qui sortent de la bouche de ceux qu'on perdra un jour, vu qu'on s'abandonne tous dans cette famille. C'est logique. Grand-mère ajoute « On n'en fera jamais rien... mais qu'est-ce qu'on a fait au Bondieu pour hériter d'une sauvageonne pareille ? » Je l'entends soupirer aussi. Je me suis battue hier, c'est vrai. Papeufière que j'en suis, d'avoir foncé dans le tas de la bande des sales rats d'à côté. D'habitude, Grand-mère, ça la fait sourire, et Franz aussi... Peut-être qu'ils se rendent compte qu'un frère sans nom, lorsqu'il rentre pas, laisse plus que des trous dans les phrases ? Pourtant, c'est logique, dans cette famille.

III

Tout fuit, ici, tout fuit... ça coule de partout... les éviers, la baignoire, le toit... même la théière de Grand-mère qu'est toute craquelée. On n'en finit jamais d'écoper dans cette famille... Ce matin, parce que monsieur mon frère court la galipote depuis cinq jours, Grand-mère a été obligée de monter sur le toit pour réparer une fuite... Avant, c'était Grand-père qui faisait ça, lui qui était si petit et qui avait le vertige et qui transportait tout seul l'immense échelle comme un grand, sur ses petites jambes de lutin... Si mon frère avait été là, rigoler, qu'on aurait fait, en regardant Grand-mère courir partout dans la maison avec des bols pour empêcher l'eau de mouiller les lits et les fauteuils... on aurait bien ri de voir dégouliner le long des murs, sur la table et les livres.... Peut-être même Grand-mère en aurait rajouté pour qu'on s'étouffe dans nos rires... Mais depuis que mon ours de frère se cache quelque part et nous oublie, même le rire nous fuit maintenant, en plus du reste...

Même si Grand-mère dit à longueur de jour « Bon débarras, y est mieux de jamais revenir le vlimeux parce que je vas lui chauffer les oreilles ! » moi je sais bien que ça veut dire qu'elle s'inquiète... qu'elle les voit, les trous qui se creusent dans nos phrases... qu'elle sait bien qu'une fuite en attire toujours une autre et que finalement l'eau monte et qu'on finit par se noyer si on colmate pas tout vite fait.... Elle arrête pas de bouffer des tartes en cachette depuis quatre jours et après, elle fait semblant de pas avoir d'appétit aux repas… Elle arrête pas de dire « Vont me tuer... seront bien embêtés si je claque tout d'un coup... s'en mordront bien les doigts quand je serai morte et enterrée, seulement il sera bien temps d'avoir des regrets, il sera bien temps… »

Tout fuit dans cette maison, même moi d'habitude, quand mon frère se cache de nous. Mais j'ai décidé de ne pas pleurer, pas cette fois. J'arrête la fuite là, maintenant, stop, suffit. Y aura pas d'inondation, y aura rien à voir, circulez messieurs-dames ! Je sais très bien qu'il est pas loin, l'ours. La preuve : j'ai entendu sa fenêtre s'ouvrir cette nuit. J'ai couru dans sa chambre, mais il était déjà reparti. J'ai remarqué tout de suite que la boîte de métal avait disparu. Je savais bien qu'il reviendrait la chercher; il peut pas vivre sans nous et sans elle en même temps. C'est pourquoi je ne dors pas depuis qu'il est parti. Je ferme un peu les yeux, mais même les yeux fermés, j'entends… et j'ouvre grand les oreilles.

Après avoir couru dans sa chambre, j'ai couru dehors, mais dans la noirceur de la pluie, j'ai rien pu distinguer. Je suis restée là jusqu'à ce que Grand-mère arrive en criant à tue-tête que j'étais devenue aussi folle que ma mère, et qu'elle me traîne à l'intérieur des murs qui nous abritent bien mal. « Ça va pas recommencer, elle hurlait, ça va pas recommencer ou alors faudra qu'on me passe sur le corps ! » Maintenant, je sais que j'en ai pour un bon bout de temps à attendre… étant donné qu'il a sa boîte toute cabossée avec lui.... C'est pas demain la veille qu'il va rentrer au bercail... quoique... Heureusement que j'avais prévu le coup... Il me reste plus qu'à tuer le temps jusqu'à ce qu'il prenne peur qu'on l'oublie pour de vrai et qu'il réapparaisse comme si de rien n'était... ou jusqu'à ce qu'il regarde dans sa boîte... je crois qu'il est pas parti pour toujours, sinon il m'aurait au moins dit au revoir... ça, j'en suis sûre... enfin j'espère.

Ça ne se fait pas d'abandonner les gens sans leur laisser quelques mots, ça ne se fait pas. Quand on abandonne, faut le faire dans les formes, faut au moins, oui, au moins se dire au revoir, faire semblant qu'on ne part pas pour toujours. Même si après, on risque d'attendre pour toujours quelque chose qui n'arrivera jamais... comme le jour du jugement dernier annoncé par le puant type des Glises tous les dimanches, ou la semaine des quatre jeudis...

Il me reste plus qu'à tuer le temps... je connais rien de plus coriace à achever que le temps... Faudrait un revolver et bang! entre les yeux du vide. Un coup dans le néant et mon frère serait de retour. Faudrait un revolver spécial... celui que Franz cherche sur son terrain, par exemple.

Aujourd'hui donc, je fais encore semblant d'être à l'école, et je me cache dans le calvaire en ruine... c'est là, entre les deux grosses pierres, que je me roule en boule pour regarder les zétourneaux dans le ciel et, peut-être, voir apparaître les fées qui ont donné Grand-père à Grand-mère... Je viens ici souvent. Peut-être qu'elles finiront par me donner quelqu'un à moi aussi, les fées, quelqu'un qui s'en irait pas courir la galipote toutes les deux semaines... quelqu'un qui serait juste pour moi, comme Grand-père il était juste pour Grand-mère... quelqu'un qui aurait un nom, de préférence, parce que ce serait moins compliqué... Comment voulez-vous chercher quelqu'un hors du monde si vous ne pouvez pas crier son nom dans les bois ?

Une fois, je suis venue ici et j'ai rêvé... J'ai rêvé d'une maison toute petite qui ne fuyait pas. Franz est arrivé à ce moment-là. Il m'a réveillée et m'a ramenée à Grand-mère.

« De quoi il se mêle celui-là », je crie vers le bois en arrachant une grosse touffe d'herbe pour la lancer plus loin. « De quoi il se mêle, ce Franz, de toujours me ramener à la maison qui fuit ? Pourrait pas ramener mon frère, des fois ? Pourrait pas me chercher mon frère au lieu de creuser des trous dans la boue à la recherche d'un flingue qui n'a peut-être jamais existé ? »

Quand il me ramène dans ses bras à la maison, je fais toujours semblant de dormir, mais je perds pas une miette de ses gestes... surtout quand il lisse mes cheveux d'un côté pour dégager mon visage. Et je perds pas non plus un de ses mots quand il dit « Mam'zelle, on va te ramener chez toi, si c'est-tu pas une misère de laisser traîner les petites filles comme ça dans le bois... » avec son drôle d'accent qui me donne des frissons sur la peau, comme du vent... Je perds pas non plus ses odeurs. Franz, il sent toujours le tabac parce qu'il fume toujours, mais pas la même chose que Grand-père fumait. Je sais bien qu'est-ce qu'il fume, Franz, je sais bien que je ne dois pas le dire à Grand-mère... N'empêche que ça sent drôlement bon dans son cou... Mais s'il pense que je l'attends lui aussi, s'il s'imagine que je viens dans le calvaire en ruine pour l'attendre parce qu'il m'a appris à cracher contre le vent l'autre un jour, il se fourre le doigt dans l'œil.

C'est pour les fées que je viens ici... pour les fées et les zétourneaux... Et j'espère bien qu'on ne me trouvera pas aujourd'hui... j'espère bien que tous les bouseux du voisinage me laisseront tranquille avec les pierres et avec ce que j'ai volé dans la boîte à mon frère... non mais j'allais pas lui ouvrir la porte comme ça, lui laisser le champ libre aussi simplement... Quand il se rendra compte de ce qu'il manque dans sa boîte, il rappliquera vite fait, j'en mettrais ma main au feu. Suffit juste de patienter jusqu'au moment où il décidera de faire l'inventaire de son contenu...

En attendant, si on me trouve, je suis prête... j'ai enfilé ma peau de chamade... avec les cailloux, je viserai les têtes des chefs de la bande et j'en raterai pas un... leur calvaire, ils vont l'avoir, moi je dis... ils vont savoir comment que je m'appelle...

IV

La maison de poupée de ma tête, même si elle est petite, est plus grande que ma tête de piaf elle-même, que tout ce qu'elle peut contenir, ma tête de piaf, comme volumes mous. « Avec ça, faut pas s'étonner d'avoir des migraines », chantonne le vieux Samuel. Mais c'est pour pas m'embrouiller les pédales dans le fil des idées, voilà tout.

La maison de poupée de ma tête est divisée en dix pièces, sur deux étages, et un grenier, puis une cave dans le rocher, qu'on a aménagée en chambre pour être plus proches des choses de ma tête. Lorsque j'en fais le tour, regardant par chacune des fenêtres, je vois bien qu'elle est plus spacieuse que ce que de pierre j'ai comme tête dure. Je ne me l'explique pas. Parce que c'est comme ça. Certaines choses sont comme ça, un point c'est tout, ça ne sert à rien de pinailler.

J'ai vu, un jour que j'étais chez le docteur, la photo d'un homme allongé sur le sol. C'était dans un magazine et sa tête était étalée sur deux pages avec un grand titre blanc au-dessus. Eh bien, il lui manquait la moitié du crâne. Ça formait une drôle de méduse sur la route qui passait par là juste en-dessous de lui. Dans sa tête, c'était pas du rouge, mais une sorte d'éponge rosée avec du pâle. Je me suis dit « Celui-là ne fera plus de mal à personne. » Comme si c'était évident qu'il en avait fait, ou qu'il en ferait encore s'il était resté pas mort… le crâne entier comme un œuf cru, bien fermé, juste pas étanche par les yeux, le nez ou la bouche. N'empêche, quand on voit ce qui déborde de soi, on n'est pas fier de ce qu'on imagine que le corps contient moi je dis. Là, le type allongé, il contenait plus rien, et c'était étrange à voir, l'intérieur éclaté… le visage affaissé comme un vieux fauteuil sans bourre.

La maison de poupée est encore plus grande que ce qui était étalé sur la route de la photo. C'est juste une bicoque en bois, mais avec de grands volets, un auvent et de petites fenêtres, rapport au froid dont on se protège en réduisant les ouvertures. La maison de poupée est imperméable parce que le vieux Samuel l'entretient, avec son long dos voûté et sa façon toute douce de ne pas faire de bruit sinon par petites chansons. Mais ça c'est mon secret. On a la maison qu'on se fait, comme la cahute de Franz au fond de la pâture.

Depuis le calvaire, je vois l'arrière de toutes les fermes et les pâtures à vaches qui s'allongent derrière elles, entourant des pruniers tordus par le gel de chaque hiver. Le pied des arbres est entouré du même treillis qu'a utilisé Grand-père pour construire ses clapiers à lapins. Il y en a toujours trois gros, bien dodus, dans une remise à côté de la maison. Chaque jour, je change la paille du fond des cages et je taquine un peu ces grosses bestioles toutes poilues. Je leur parle comme si j'étais leur amie, mais je sais que c'est pas vrai. Autant qu'ils restent ignorants du sort qu'on leur prépare, non?

« Attendez la saison des fruits mes lapins, je me dis, et vous verrez à quelle sauce vous serez mangés. » Heureusement, ils ne se doutent de rien. Parfois, je prépare trois bols dans lesquels je mélange du pain sec avec du lait chaud sucré. Adorer ça qu'ils font, les goinfres. En hiver, les bols fument lorsque je traverse la cour et ça me donne encore plus le sentiment du froid. Autour des pruniers tout tordus, y a que des pâturages, à perte de vue, jusqu'à l'horizon quoi.

C'est comme ça que j'ai vu Franz venir vers le calvaire. Il marchait droit sur moi, avec les bras écartés à cause des herbes hautes qu'on va faucher bientôt, vu qu'on n'a plus de vaches depuis longtemps. Juste le vieux cheval « qu'a eu son comptant de labeur », comme dit Grand-mère. Mais à part « ce noble animal », parfois un mouton, et les trois lapins qui grossissent dans leur clapier, on n'a plus d'animaux. J'oubliais les deux dindons aussi, et les quelques poules brunes ; j'oublie toujours de compter les poules et les deux dindons. C'est tellement bête, les poules. Ça pond stupidement en grattant le sol, ça bouffe des vers de terre et des larves, ça caquette connement, les poules.

Je ne bouge pas. J'observe comment il se fraye un chemin vers moi, en suivant le sentier d'herbes couchées par mon passage à moi. Le vieux Samuel descend dans la cave de la maison de poupée, parce qu'il est un peu couillon. Il dit toujours « Si on n'entend rien, peut-être on passera son chemin. » Il ne comprend pas qu'à part moi, personne ne sait qu'il vit là et que tout le monde ignore que j'ai une maison de poupée trop grande pour ma tête de piaf et qui pourtant y est bâtie sans que rien ne transparaisse à l'extérieur.

« Mam'zelle, faut rentrer. On vous cherche partout. » « Torrieu ! » Je me débats lorsqu'il me prend dans ses bras pour m'empêcher de me défiler. « Maudit torrieu ! » « Salope », je crie dans ses oreilles tellement la colère a gagné sur la pensée. La prochaine fois, il faudra que je coupe les fils du téléphone de la maison, faudra que je creuse des tranchées pour empêcher quiconque de passer pour racuse-potter, ou plutôt, faudra que je la tue, l'institutrice, que je lui ouvre le ventre et l'oblige à manger ses propres boyaux jusqu'à s'en étouffer. Petite-Misère, je m'appelle : elle va savoir ce que ça coûte de m'attirer des crosses.

Lorsqu'on arrive, Grand-mère vient vers moi et me serre dans ses bras. Elle me raconte des choses inaudibles... j'y comprends rien. Je serre dans ma poche le galet que j'ai volé dans la boîte en métal, un long galet, effilé comme une dent ou un os un peu usé. C'est Franz qui l'avait donné à mon innommé frangin... paraîtrait que ce caillou vient d'une plage dont rien que le nom donne envie d'y aller tout de suite. D'ailleurs, selon Franz, ce serait pour ça que plein de soldats ont été s'y faire tuer, parce qu'ils devaient garantir le droit qu'on y aille, sur ces plages de galets. J'ai piqué le galet, parce que c'est mon assurance qu'il va revenir... lorsqu'il s'en sera rendu compte. On n'attrape pas les mouches avec du vinaigre.

Franz est un soldat qu'est pas mort sur la plage. Normal, comme disait Grand-père, « il a des zertés ». Et alors ! Moi, j'ai bien eu des poux un jour. Grand-mère les écrasait sur ma tête, entre les ongles de ses deux pouces. C'était dégueulasse… « Si tu arrêtais de te battre avec les bouseux du voisinage, ça ne t'arriverait pas, petite bâtarde », qu'elle disait en me tirant les cheveux avec un peigne très fin. Des poux, oui, mais des zertés, j'en ai jamais eu. Longtemps j'ai cru ça. Ensuite j'ai compris, je suis pas une nouille.

« Franz, il était dans le mauvais camp », on disait dans la famille pour montrer qu'on comprenait, sauf moi, qui répétais comme les autres mais qui n'y pigeais que dalle… Mon grand-père, mon tout petit grand-père, il l'a caché pendant toute la guerre. Fallait du courage pour faire ça, c'est certain, fallait du courage. Pourtant, il était tout petit, Grand-père, et Franz est très grand. C'est recroquevillé dans la cave à charbon qu'il a attendu que ça se passe. Je me souviens juste du jour où il est sorti de sa cache. Trois ans qu'il s'était plus lavé. Ça puait le vieux cheval, moi j'ai pensé. Grand-mère me pressait un mouchoir imbibé d'eau de Cologne sur le nez, mais ça n'empêchait pas le type tout noir de puer même au travers du mouchoir. On l'a lavé à trois dans une grande bassine, il avait du mal à garder les yeux ouverts : le soleil, et le savon qu'on lui frottait sur la tête. Normal, ça coulait dans ses yeux.

Pendant les premiers mois, Franz a pas parlé. Soi-disant que je lui rappelais sa fille qu'est morte avec sa mère dans des bombardements. Nous aussi, ici, on en a eu des bombardements. Trois. Les Amerloques ont fait sauter l'église et deux ponts, et c'est pas ce qui me fait taire... « Soyons lucides : on verra ce qu'il en sortira », voilà ce que Franz m'a dit la première fois qu'il m'a parlé. C'était la seule phrase complète qu'il connaissait en français. À part quelques mots, Franz avait retenu comme un perroquet l'expression préférée de Grand-père : « Soyons lucides. On verra ce qu'il en sortira. » Si je m'en souviens, c'est parce qu'il avait reproduit les intonations exactes de son professeur... jusqu'à en imiter la voix. J'avais éclaté de rire et Grand-mère aussi.

Elle, elle continue à me raconter des choses, mais j'y comprends toujours rien. Je sens les volets de la maison de poupée trembler, signe qu'un vent passe. Franz dit rien non plus, il a juste posé sa main sur mon épaule. Avec Grand-mère qui me serre le cou, me v'là bien encombrée, ça ne me fait pas rire. Six jours que l'autre sans-nom s'est cassé et c'est le foutoir ici. Pourtant, moi je sais qu'il rôde, et qu'il n'y a pas à s'alarmer tant que je tiens le galet. Juste...

« Il est parti, après 40 ans de vie commune, t'entends Petite-Misère, le misérable est parti. J'lui ferai rendre ses tripes, moi, à ce misérable. Je suis entourée de misérables, Petite-Misère, t'entends ça, malheureuse, de misérables. Pas un homme qui reste ici, Petite-Misère, pas un. J'ai le mauvais œil », elle dit, Grand-mère, comme dans un sursaut de lucidité. Il y a quelque chose de terrible dans ses yeux, et moi je respire, soulagée de ne pas avoir à couper le téléphone ou à dépecer l'institutrice pour cacher mes buissonneries. « J'espère qu'il n'aura pas froid, elle ajoute tout de suite après, il est si petit encore, et les nuits sont pas bien chaudes pour le moment. J'espère qu'il ne s'est pas perdu, mon tout petit homme. »

C'est comme ça que Grand-père est parti il y a deux étés et qu'on ne l'a plus jamais revu. Une fée est venue le reprendre, c'est sans doute ce qui est arrivé moi je dis, y a pas d'autre solution. Faudrait aller épier l'endroit où elles se réunissent le soir, mais c'est sûr que ce coup-ci, elles vont y faire attention, au petit homme comique. Certain qu'elles se feront plus berner comme la première fois. Y a pas grand-chose de plus rancunier qu'une fée, alors plusieurs, faut imaginer comment c'est teigneux.

C'est quand même la seconde personne qu'on voit disparaître dans cette histoire... C'est pas crédible, mais qu'est-ce qu'on y peut si c'est vraiment ce qui arrive ? C'est pire que du Shakespeare moi je pense : l'homme qui a écrit le gros livre de Roméo et Juliette à couverture rouge que me lisait parfois Grand-mère avant qu'on ait la radio. Parce qu'on disparaît beaucoup dans son livre. Va pour être pire que du Shakespeare ; dans cette famille, c'est pas très étonnant.

Franz est sorti fumer une de ses cigarettes bizarres derrière la maison, je le sais puisque le soir est tombé entre-temps. Son cou va encore sentir comme j'aime... Grand-mère est assise dans un fauteuil, celui du petit homme. Elle pleure sans bruit, alors je lui explique que Grand-père est retourné chez les fées, qu'elle ne doit pas s'en faire. Elle sourit en relevant la tête et elle n'a plus l'air aussi triste. C'est vrai quoi, il y a suffisamment de choses qui sont tristes pour ne pas pleurer pour les autres. Mais voilà, Grand-mère, elle s'y était habituée au petit homme, à sa toute petite bistouquette et à ses énormes mains. Et avec mon frère qui galipote dans les campagnes, elle glisse dans les trous de sa mémoire...

Quelle famille... je vous dis pas quelle famille c'est... « Une bonne nuit de sommeil devrait remettre un peu d'ordre dans tout ça », Franz dit en refermant la porte derrière lui. La douce odeur flotte tout autour de lui lorsqu'il m'embrasse. Je monte me coucher en laissant Grand-mère devant le poêle qu'elle vient de rallumer alors qu'il fait juste un peu frais.

Avant de me glisser sous la couette, nue comme un ver pour sentir quelle pêche il m'arrive d'être dans le sommeil, j'ai tourné la poignée de la fenêtre, au cas où mon frère voudrait récupérer son galet de soldat mort. Faudra qu'il me passe sur le corps s'il veut ressortir, moi, je suis pas un sale nain.

V

Je l'ai vu. J'ai vu l'ours comme je me vois dans le miroir… C'est quand je suis venue déterrer le flingue de Franz que je l'ai vu… enfin si on peut appeler ça voir… Il aurait l'idée de venir le déterrer, j'en étais certaine...

J'ai entendu une branche craquer et je me suis retournée. J'ai aperçu sa veste bleue s'enfuir dans le bois. Alors j'ai crié, sans savoir quoi crier… J'ai couru en criant tout qui me passait par la bouche : « Eh ! reviens ! que je hurlais, c'est juste moi, Petite-Misère ! reviens ! que je criais aux arbres, c'est moi... je dirai rien... Eh ! » J'ai couru longtemps. J'ai couru mais l'ours n'a pas ralenti… il m'a laissée me fatiguer à lui courir après comme une idiote, avec le flingue de Franz qui est lourd et que je voulais pas laisser échapper… Et même lorsque je ne l'ai plus vu, j'ai continué à courir. Il va m'attendre, il va me surprendre, c'est sûr, que je me disais. Le vieux Samuel arrêtait pas de pleurnicher à faire éclater les murs de la maison de poupée : « Tu seras perdue, ma petite, tu seras perdue… »

À la fin, à force de ne plus savoir quoi crier ni vers où, j'ai repris les noms que lui donne toujours Grand-mère, puisque j'en connais pas d'autre pour lui : « Feignant ! Salaud ! Vaut-rien ! Attends ! T'as pas le droit de faire ça ! Sans-cœur ! » Comme une folle, je suis tombée trois fois à cause des racines... j'ai déchiré mes jeans… mais je l'ai jamais rattrapé, non...

Je gage qu'il a rien entendu de mes insultes... si les fées se cachent dans ce bois, c'est sûr qu'elles sont sourdes à présent. En tout cas moi j'ai plus de voix et le vieux Samuel non plus... Et je sais plus trop où je suis parce qu'il commence à faire noir... C'est surtout à Grand-mère que je pense là, maintenant. Faudrait pas qu'elle croie que je l'ai abandonnée moi aussi... ça la tuerait, c'est sûr... « Ça la tuerait » qu'il dirait, le vieux Samuel, s'il boudait pas, enfermé dans son rocher de chambre, les couvertures sur la tête comme un vieux peureux qu'il est... « Ça l'achèverait et ça ferait une très mauvaise tragédie. » On finirait par en rire, quoi, une histoire où il resterait qu'une Grand-mère en train de fondre à force de pleurer et un Chleuh qui creuse des trous comme un imbécile à la recherche d'un flingue qu'il retrouvera jamais, parce que le flingue, c'est moi qui l'ai et que là je suis perdue, vraiment mais vraiment perdue... Tout ça à cause de cet ours qu'a pas de nom ni d'âme ni de cœur. Je commence à lui en vouloir un peu quand même, mine de rien... Faut pas être plus catholique que le Pape, moi je trouve... Y a des limites à tendre l'autre joue. D'ailleurs des joues, j'en ai que deux, et tendre l'autre, pour moi, ça sert juste à se faire défigurer un peu plus...

C'est la première fois que je me perds. C'est la première fois que je viens jusqu'ici, aussi loin dans le domaine des fées. « C'est important les premières fois », elle dit toujours Grand-mère. Les premières fois de toutes les choses, ça grave une empreinte dans le spongieux du cœur et après, plus moyen de s'en défaire, plus moyen d'oublier. L'embêtant, c'est que je sais pas trop quoi faire pour que ça soit une réussite, ce pétrin. La nuit, la forêt est pleine de squelettes d'ombres et moi j'essaie de pas penser à l'image de l'homme avec un trou dans sa tête parce que de toute façon ça ne m'aidera pas à retrouver mon chemin...

Dans la vie ce serait bien de pouvoir choisir son pétrin. Un pétrin dans les trous d'eau de Franz, moi j'en prendrais tous les jours, parce qu'une bonne fois, je découvrirai ce qu'il y a dans son placard fermé par un rideau rouge quand il me ramènera pour me sécher chez lui. Je parie que c'est des souvenirs de guerre qu'il garde là-dedans. Ou des souvenirs de sa femme et de sa petite fille à qui je ressemble. La première fois qu'il m'a parlé d'elles, j'étais très petite encore et je lui avais demandé pourquoi il avait pas de femme avec lui. Alors il a dit qu'il pouvait pas donner son cœur parce qu'il y avait un sale trou dedans. Sur le coup j'ai pas compris grand-chose à ses mots, mais le tremblement dans sa voix, je l'ai bien entendu, alors j'ai rien dit, j'ai pas posé d'autres questions, faut savoir se taire dans la vie... tout vient à point à qui sait entendre, sans compter les confidences...

Un jour, Franz, il tirera le rideau rouge du placard et il sortira ses souvenirs pour moi, juste parce que j'aurai pas posé de questions. Mais pour ça faut qu'il reste, alors le flingue, faut pas qu'il le retrouve, qu'on s'est dit, mon frère et moi parce que quand il le cherche, il perd un peu la boule, il marmonne dans une langue qu'on comprend pas...

Moi je sais que les mots de Franz, dans ces moments-là et dans cette langue-là, racontent les plages avec des morts dessus, les plages d'où qu'il a rapporté le galet de mon frère... C'est des mots de guerre qu'il crache, des mots qui parlent de petites filles qui explosent et de cœurs avec des sales trous dedans mais qui continuent à battre on sait pas pourquoi ni pour qui... « C'est pas en rêvant comme ça qu'on va retrouver notre chemin » il me coupe, le vieux Samuel. Tiens, il a retrouvé sa voix on dirait... Faut pas croire, c'est pas parce que je rêve que je continue pas à réfléchir au meilleur moyen de nous sortir du bois... « D'abord, qu'est-ce que tu fais, vieux grincheux, à part gémir ? Tu me donnes des solutions ou tu te tires », que je lui réponds. Les rêves, crénom, ça n'a jamais nui à personne, que je sache... ça permet de reprendre son souffle quand on crie pendant des heures après un frère qui a pas de nom.

Bon, Grand-père disait toujours « Si vous vous perdez en forêt, arrêtez de marcher... vous feriez que tourner en rond. Assoyez-vous au pied d'un arbre ou sur une roche élevée et attendez qu'on vous trouve en criant de temps en temps... » Alors, moi je me suis assise sur une grosse roche et je voudrais bien crier mais j'ai plus de voix à cause de l'ours qui m'a semée... J'ai pas peur, je suis juste un peu inquiète pour Grand-mère... « Tu vas pas pleurer ? » qu'il me dit le vieux Samuel... « Tu vas pas pleurer parce que les larmes ça fait maigrir... Tu vas disparaître complètement et on te verra plus », qu'il dit rien que pour me faire peur… Il peut bien parler, lui qui est si petit, si petit que personne ne sait qu'il existe, sauf moi…

J'ai pas peur quand je regarde les étoiles, alors je les regarde à travers les arbres. « À chaque fois qu'une étoile meurt, elle laisse un trou dans le ciel par où s'envolent les âmes », il dit toujours Franz, quand il fume sa cigarette derrière la ferme, le soir… Moi et mon frère on regarde, on scrute pour essayer de repérer les trous... ou de voir une étoile s'éteindre, mais c'est jamais arrivé. Quant aux âmes qui s'envolent, n'en parlons pas… d'abord les âmes, pour ce que j'en sais, c'est transparent comme les larmes… Comment on ferait pour les voir ? « Les larmes, c'est l'âme qui coule avec le sang », ricane le vieux Samuel, mais qu'est-ce qu'il en sait celui-là qui est jamais sorti de la maison et qui court se cacher dans les toilettes dès qu'un coup de vent fait trembler les volets ? Avec quoi il la ramène, sa fraise ?

Grand-mère fuit autant que la maison… c'est ce que j'ai compris ce matin, en la regardant pleurer. Je vois bien qu'elle maigrit aussi… C'est des larmes qu'il y a dans son ventre et dans ses bras et qui la font paraître grosse… des larmes pour tous ceux qui sont partis… Dans le fond, Grand-mère est aussi petite que tout le monde dans la famille… Elle a seulement vu plus de départs que nous autres et elle a jamais pleuré. Donc forcément, la flotte des larmes s'est logée dans son corps… Moi je me dis que ça sert à rien de pleurer, ça les fera pas revenir…

Je commence déjà à penser à mon frère au passé. On est tellement habitué aux fuites dans cette famille qu'après quelques jours d'absence, on commence déjà à s'oublier un peu... Non mais qu'est-ce qu'ils ont tous à partir comme ça, les bonshommes ? Peut-être qu'il faut choisir... peut-être qu'il faut être dans un camp ou dans l'autre, dans celui des *qui restent* ou dans celui des *qui partent*... À choisir, si c'était pas de Grand-mère, moi je prendrais le second, parce que c'est pas drôle de rester seule, pendant que les ours ou les lutins dansent avec les fées... pas amusant du tout. Je commence à en avoir ma claque de rester sur ce rocher à attendre que quelqu'un vienne me chercher... Je commence à en avoir ras-le-bol d'attendre tout court. Faudrait peut-être que je bouge d'ici... si y a personne qui me cherche, je risque de me faire bouffer par un sanglier ou un loup...

VI

On dira que la nuit porte conseil, je les entends déjà dire ça, mais on, c'est tous des cons. « La nuit, ça ne porte pas conseil, ça fraîchit à en faire peler les gosses », comme Franz dit lorsque je suis supposée ne pas l'écouter. J'ai répété ça tout bas, histoire de me rassurer, et de faire comprendre aux monstres poilus et gluants de l'obscurité que j'avais ma peau de Petite-Misère... il valait mieux qu'ils tentent pas de me molester le cuir. Tout ça à cause de l'autre sans nom. Tout ça à cause de cet hirsute innommable. On dira ce qu'on voudra, mais c'est dans la semoule que j'étais... Et la semoule est pas bien rassurante, moi j'dis.

Je savais qu'il viendrait chercher le flingue, je l'ai senti. Faut croire que je le connais bien, comme pour son galet des soldats morts. Mais ça, il peut toujours courir pour le récupérer. Je l'ai, je le tiens. Le flingue aussi. Je sens l'enveloppe de toile sous mon nez à son odeur de graisse et de terre moisie. Ça me fait penser à toutes ces après-midis à observer Franz creuser.

Franz n'a pas le temps de s'occuper de moi, jamais le temps de s'occuper de moi. Par contre, de l'autre sans nom, c'est autre chose. Puis Franz creuse. Mais n'importe où. Moi, j'ai toujours su où était le flingue, je l'ai vu en rêve, j'ai vu le Chleuh enterrer le paquet, à quelques mètres du cerisier depuis lequel j'épie la bande des salopiaux d'à côté. Lui, je l'ai laissé creuser, mais en m'asseyant toujours au bon endroit, juste sur l'arme. C'était mon secret, à moi et à l'innommé. Franz... l'allait pas me foutre un coup de pelle pour voir ce qui se cachait sous moi... de toute façon, l'allait pas faire ça. Et moi, j'aimais trop le regarder lorsqu'il creusait pour le lui indiquer, l'endroit sous moi. Alors, je lui ai rien dit… rien.

Je savais que l'ours, vu comment il respecte sa parole de pas me laisser, allait revenir chercher le flingue… c'était logique. « Pas d'ombre sans pli », ça faisait, pas l'ombre d'un, moi je dis. « Pas d'ombre sans pli », je répète, pour casser l'obscurité qui a plongé sur mes os. Mes mains refroidissent et ma voix sonne bizarrement dans toute cette ombre. Je vais y passer la nuit, dans cet endroit que même le Bondieu des Glises a oublié. Alors, si celui-là même l'a oublié, cet endroit paumé, pour s'attendre à ce que quelqu'un pense à moi ici paumée… faut pas s'illusionner.

À moins d'un miracle... mais ça, les miracles... j'y croyais seulement quand j'étais petite. Maintenant, c'est râpé. Je suis plus une gamine, et même si tout le monde pense le contraire, faudrait pas oublier ma peau de Petite-Misère qui repousse les squelettes et les serpents fluorescents.

J'ai beau crâner, la nuit, j'vais la passer ici… dans les bruits de la terre qui digère, dans les souffles des fées et des esprits morts qui reviennent. Ça fout les jetons au vieux Samuel, je l'entends trembler dans les soupentes, les volets vibrent, je le sens bien. « C'est à moi de rassurer la chaumière », disait Grand-père avant qu'il ne rassure ni rien ni personne. Je chante doucement, mais ma voix refuse à nouveau de sortir... ma voix me tait au-dehors. Ça me la coupe au-dedans. Je suis rendue silencieuse comme une pierre : juste les bruits et la vibration des volets de ma maison de poupée pour me rappeler combien le bruit, s'il a quelque chose de rassurant, est trompeur sur les intentions des ombres.

Clair que Grand-Mère est aux quatre sangs, clair aussi que Franz court la campagne avec une lampe-torche. J'y peux rien faire, là, c'est piégée par le noir que je suis. Le vieux Samuel a tellement peur qu'il a paumé la boîte de chandelles. C'est bête, ça nous aurait fait un peu de jour pour y voir moins sombre. « C'est bête », je pense ça, mais je peux pas lui en vouloir… moi même, c'est les chtousses, que j'ai...

Les sales rats d'à côté vont se foutre de moi je me dis, vu que j'ai de toute façon rien d'autre à faire sinon avoir peur, mais ça ne prend pas beaucoup d'attention. Le chef de la bande, c'est Saroux. C'est plus facile à dire que « sale roux », même si ça revient au même. Je dis « les roux ça pue », pour faire rigoler le vieux Samuel, ou simplement voir s'il m'entend. Mais ça ne le fait pas rire. Lui, avec ses cheveux blancs « minoritaires » comme il dit… Peut-être qu'il les avait roux lorsqu'il était plus jeune ? Va savoir...

Saroux, faut l'écouter parler, l'autre nabot, quand il ouvre son claque-merde… Avec ses grands airs de mouette qui en fait accroire au troupeau. Et vas-y que je te crâne, et vas-y que je te pue de la gueule avec ma tronche d'avorté. « Elle aimerait bien faire partie de la bande », racontent ces sales rats d'à côté. Mais c'est des foutaises. Moi, j'en ai rien à faire non plus de leur « conseil de guerre »… Leur arracher la tête que je ferai, lorsque je serai rentrée, parce qu'il faudra bien que le jour pointe son museau de loir et qu'on me retrouve. Mais pour ça, il faut qu'on me cherche, et « rien n'est moins sûr », vu comment on a tendance à s'évaporer dans la famille. Manquerait plus qu'on croie ça…

Le flingue, je l'ai déballé, histoire de tenir tout ce qui s'approche éloigné… du moins tant qu'il fera noir. Je sens son cœur froid contre mes paumes, je l'imagine long, effilé, aux angles carrés. Ça me rassure moins que je l'aurais cru. Et puis, l'autre sans nom, qu'est-ce qu'il voulait en faire ? Le revendre peut-être ? Raté, bonhomme... j'en ai besoin pour ne pas laisser la nuit m'envahir. Déjà que le vieux Samuel a abandonné la recherche des bougies...

Sur ma droite, un boucan du diable dans les feuilles mortes me fait sursauter. Je pointe le flingue vers le bruit et essaye de me rappeler dans les films comment ils font, les flics, pour intimider.

J'ai dû toucher quelque chose parce qu'une détonation m'a enlevé l'arme des mains. Grouikkk Ggrouikkkk, ça fait dans l'obscurité... ça tape, ça secoue. Moi, je détale dans la direction opposée et m'aplatis de tout mon long dans des branches à épines. Je me recroqueville. Les grognements se taisent. Le matin finit toujours par arriver, je me répète, sans faire de bruit, serrée contre moi-même dans un treillis de pointes.

Dans un bel état que mes vêtements doivent encore être. « J'ai buté un lutin... j'arrête pas de me dire, ça aurait pu être une fée... » Je continue de trembler et je ferme les yeux.

Lorsque je les rouvre, y a de la brume juste au-dessus de l'herbe, et Franz me regarde, pas affable, mais alors pas affable du tout. Il me gifle... C'est la première fois que ça arrive. Dans son autre main, il tient son flingue.

Ma joue cuit... est-ce que ça veut dire qu'il tient à moi ? Il démonte le flingue devant moi et jette les morceaux tout autour de lui, aussi loin qu'il peut. « Mam'zelle, qu'est-ce que t'as dans la tête ? Sans ce coup de feu, je t'aurais jamais retrouvée, mais qu'est-ce que t'as dans la cafetière, Mam'zelle ? Ton frère, c'était déjà bien, mais pourquoi tu fais encore pire ? » qu'il me demande en s'accroupissant pour me dégager des ronces. Le soleil perce les feuilles qui forment un ciel avant le ciel au-dessus de ma tête.

Je dis rien et Franz s'assoit à côté. Il roule une de ses cigarettes, en mélangeant bien les herbes de son petit sac avec le tabac noir. Lorsqu'il allume sa clope, je dis « J'ai buté un lutin, je l'ai entendu grouiner. Il m'avait fait peur. »

– Les lutins, ça n'existe pas, Mam'zelle, tu le sais bien.

– Franz, c'est juré craché sur ma mère qui est partie avec un Italien ou un Turc, j'ai tiré parce qu'il m'a fait peur, et je l'ai entendu crier.

– Votre maman est pas partie comme ça, moi je le sais Mam'zelle.

– Mais j'ai vraiment buté un lutin, ça aurait pu être une fée, tu t'en rends compte ? je crie, hors de moi. Il ne me croit pas, et ça aussi, c'est la première fois.

– Par où vous avez visé Mam'zelle ? Hein ? On va aller voir.

Je lui indique où aller et j'écoute s'éloigner ses pas dans les feuilles. Je les entends encore qu'il crie « Mam'zelle, le lutin, c'était un gros… on va pas le laisser là. » Puis je le vois ressurgir en tirant une grosse masse noire au ventre ouvert. Franz, il a les avant-bras pleins de sang. Quand je vous disais qu'il y a des sangliers dans le coin. Des loups, j'en sais rien, mais des sangliers… la preuve. Avec ça, sûr que la bande d'à côté peut aller se faire enterrer.

Grand-mère ne lève même pas les yeux sur moi lorsque j'arrive à la maison toute pleine de mon aventure. Si elle le faisait, elle verrait mon sourire et celui mal caché de Franz qui tire mon sanglier sans tripes, qui aurait peut-être pu être un lutin, mais pas une fée, définitivement pas… vu l'odeur. Je vais embrasser Grand-Mère... elle pleure encore… elle a encore perdu du poids. La peau de son visage pend, toute flasque. Peut-être elle s'est même pas rendu compte de mon absence... je m'assois devant elle, et je trie les lentilles, les noires à gauche, les blanches à droite.

VII

Quand j'ai eu fini de trier les lentilles, j'avais fini d'attendre.

Ça s'est arrêté comme ça, d'un coup. Sec. Non mais j'allais pas passer ma vie à attendre qu'un innommable décide de réapparaître comme un lapin dans un chapeau de magicien... j'allais pas passer ma vie à arpenter les bois en appelant, comme une folle, du vide... Déjà que ma mère l'avait été à moitié, folle, d'après Grand-mère... Moi, je me souviens pas d'elle, mais mon frère si. C'est peut-être pour cette raison qu'il s'évapore comme ça de temps à autre... parce que les souvenirs lui font du tort.

À bien y penser, mon frère c'est pas un ours, c'est un chat. Un chat hirsute, mais un chat quand même. Faut le laisser aller et juste en profiter quand il est là. « Essayer de l'apprivoiser, ce serait comme de le repousser encore plus loin dans le bois », moi j'dis. J'ai l'air de rien comme ça, j'ai l'air d'une Petite-Misère juste bonne à se fiche dans des pétrins pas possibles et à attendre qu'on s'occupe d'elle mais parfois, je réfléchis et j'en arrive à comprendre des choses qui dépassent même le vieux Samuel. C'est pas la première fois qu'il me fait le coup, mon frère, alors il reviendra quand ça lui chantera de revenir, c'est ce que je me dis et c'est pas plus compliqué que ça. Et puis si le Saroux croit qu'il me fait peur avec ses racontars...

Après les lentilles, je suis allée porter le galet dans la chambre de mon frère et je l'ai posé sur le rebord de la fenêtre, bien à la vue. J'ai même tourné la poignée pour qu'il puisse l'ouvrir facilement de l'extérieur. Puis je suis revenue dans la cuisine. C'est exactement à ce moment-là que je me suis aperçue que soit j'avais grandi... soit Grand-mère avait rapetissé… En une nuit... une seule petite nuit passée à regarder les étoiles et à attendre en me gelant les fesses sur un rocher. À moins que ce ne soit la gifle de Franz qui m'ait dérangé l'esprit ? Tout d'un coup, j'étais plus grande et la maison, plus petite, beaucoup plus petite que celle dans ma tête de piaf.

« Les choses arrivent toujours d'un coup », c'est ça qu'elle disait des fois, Grand–mère, quand elle était pas encore toute enfoncée dans son chagrin… « Un jour, on se lève, on se regarde dans la glace et on s'aperçoit qu'on est vieux. » Moi j'ajoute « Un jour on se retourne et y a plus personne autour. » Ce matin-là, quand Franz est reparti vers sa cabane en dissimulant très mal le fait qu'il souriait à cause du sanglier, je me suis aussi aperçue que le temps s'était remis à couler et que j'étais plus tout à fait la même que la veille. Finalement, le flingue de Franz, c'est à ça qu'il servait, je le savais bien aussi… à tuer le temps, je veux dire…

Depuis, plus moyen de l'arrêter, le temps… Les jours et les semaines qui ont suivi n'ont fait que confirmer les choses… J'ai eu beau aller patauger dans les flaques d'eau autour des cerisiers ou des pruniers, sauter à pieds joints dedans et prendre mon air le plus misérable possible, Franz ne m'a plus jamais ramenée chez lui pour me sécher. Un jour, il s'est approché tranquillement d'où j'étais enfoncée jusqu'aux genoux… Il m'a dit « Mam'zelle, c'est plus de votre âge, ces jeux, si vous avez pu buter un sanglier toute seule en pleine nuit, vous pouvez très bien sortir de la boue sans mon aide. » Je lui aurais craché au visage… « Qu'est-ce t'en sais, t'es pas mon père », j'ai crié, tandis que le vieux Samuel se bouchait les oreilles avec ses poings… Franz a blêmi et m'a laissée dans la mélasse pour aller s'enfermer dans sa cabane.

C'est comme ça qu'on grandit, c'est comme ça que les étés coulent sur notre peau…

Et puis, je ne peux pas dire que je m'ennuie… Je nourris les bêtes deux fois par jour, même les poules brunes, et je regarde Franz qui s'est mis dans l'idée de remplir les trous qu'il a mis si longtemps à creuser… comme si quelqu'un s'en préoccupait, de ses putains de trous. Maintenant, c'est moi qui chasse les fuites de la maison avec les bols, pendant que Grand–mère se berce, les deux mains appuyées sur ses genoux en pleurant à Grand-père… Je dis « en pleurant » parce qu'elle ne parle plus vraiment, Grand-mère. Elle marmonne en sanglotant et en secouant la tête que ça m'en donne le tournis de la voir comme ça… Elle engueule Grand-père comme du poisson pourri à longueur de journée… « Sale nain ! T'avais juré ! Fils de pute ! Maudit verrat ! T'avais juré de m'enterrer ! pas le contraire ! sale nain ! »

Ce qu'il y a de bien, c'est que la maison, elle est juste pour moi, comme ça. Grand-mère, c'est plus qu'un petit coup de vent qui passe le matin quand elle se lève de son lit pour se rendre à sa berceuse.

Dans les vieilles photographies, y a tout ce qu'on a besoin d'avoir pour comprendre d'où on vient et où on va. Pas besoin de mots… J'essaye de comprendre ce qui s'est passé après ma naissance… Les albums de photos tout poussiéreux qui sont dans le grenier et que Grand-mère voulait pas qu'on touche, j'arrête pas d'en tourner les pages… Je regarde vivre ces gens que j'ai pas connus mais qui m'ont mise ici. Ma mère toute petite, dans les bras de Grand-mère, avec des rubans de satin dans les cheveux… et mon père, un petit garçon à coté d'elles, avec son trou à la place du visage… l'a le visage découpé au ciseau... sur toutes les photographies... des images de mon père et de ma mère lorsqu'ils étaient enfants, mais le visage de mon père toujours découpé.

Quand je mets des rubans de satin dans mes tresses, je ressemble à ma mère… L'autre jour, Franz est venu pour réparer une porte… il a dit « Ça te va bien, Petite-Misère, cette nouvelle coiffure… » Ça m'a fait du doux… pas que l'opinion de Franz me soit d'une vraiment réelle mais réelle importance, mais parce qu'il a dit « Petite-Misère » au lieu de « Mamz'elle », comme d'habitude…

Mine de rien, depuis que les bonshommes se sont cassés, j'ai plus grand monde pour me faire la conversation et pour prononcer mon nom… Y a plus grand-chose pour crever la monotonie. Alors, mon nom dans la bouche de Franz, c'est aussi doux que la pluie sur le toit, moi je trouve… la pluie sur le toit après des jours et des jours et des jours de canicule. Le vieux Samuel me dit que je rougis, mais moi je l'emmerde… d'abord, il connaît rien aux choses qui font rougir puisqu'il est tout fin seul dans la maison de poupée oùsqu'y a jamais eu de poupée. « Je l'emmerde », je crie en silence.

Mais pas question que je porte mes rubans à l'école… Demain, c'est la rentrée et pas question que le Saroux me voie autrement que comme d'habitude. Faut être à la hauteur de sa réputation quand on a la chance d'en avoir une... Déjà que tous les dimanches à la messe, il me souffle des horreurs sur mon frère en se cachant derrière son père… Il me raconte n'importe quoi parce qu'il est jaloux de l'histoire du sanglier… Les petits morveux du village, ça leur en a tous bouché un coin que je me sois baladée avec un flingue en pleine nuit dans la forêt… Maintenant, ils me foutent un peu la paix…

Je me demande si ma mère elle était aussi folle que Grand-mère le disait, avant… avant. Avant quoi au juste ? Avant les grosses pluies du printemps, avant que nos phrases se trouent, ou les photographies, et que l'esprit de Grand-mère lui dérange la parole ?

Moi je dis qu'elle était pas folle, ma mère. Elle était amoureuse. Amoureuse d'un grand amour plus grand que mon père. Ça expliquerait peut-être pourquoi il a plus voulu de nous quand elle s'est enfuie... C'est peut-être tout à fait normal qu'il soit parti. C'est peut-être pour ça qu'il est jamais venu nous rechercher... Peut-être que c'est comme pour mon frère... c'est peut-être à cause des souvenirs que notre père a pas voulu remettre les pieds ici pour nous reprendre... n'importe qui aurait fait la même chose que lui...

Pour rester ici, faut pas avoir trop de mémoire, moi j'dis... ou alors faut, comme Grand-mère l'a fait, détruire les souvenirs, démolir les disparus, les engueuler, les trucider, les éradiquer hors des murs où ils se nichent. Y a que comme ça qu'ils ne nous manquent pas. On se dit « bon débarras, qu'est-ce qu'on est bien sans eux », on oublie presque qu'ils ont déjà été là.

Quand je pense comme ça, le vieux Samuel ne dit plus rien. Il reste muet comme une carpe. C'est des mots trop grands pour lui qui résonnent dans ma petite tête.

VIII

Ma mère n'était pas folle, ou alors on l'est tous jusqu'au trognon... tous *dingues alliés*, à trépigner du bassin dans une drôle de kermesse. J'ai une nouvelle place dans l'unique classe de l'école, mais toujours près de la fenêtre... et entourée des mêmes têtes de foutus salopiaux, auxquels s'ajoute le troupeau de leurs cadets. Comme pour les chatons, faudrait noyer les portées et n'en garder que les plus beaux.

L'institutrice m'a repérée tout de suite. Elle est venue vers moi et m'a dit, avec sa voix de vieille desséchée, « J'espère que notre sauvageonne sera plus raisonnable cette année. » « Comment vous voulez que je sois plus raisonnable si vous gardez cette coiffure ridicule », j'ai répondu... Ça commence bien. Les autres pouffaient, alors j'ai dit très calmement et très fort : « C'est les yeux que je vais vous enlever avec une cuiller à café, s'il vous plaît Madame ! » L'autruche m'a attrapée par les cheveux et j'ai plus moufté, histoire de détourner sa colère sur les salopiaux qui gueulaient.

Mais pour qui elle se prend, cette pauvre vieille folle ? Faudra que je pense à arroser ses fleurs avec de l'eau de javel, faudra pas que j'oublie de faire ça. « Petite-Misère, tu vas t'en souvenir, ma grande... T'es pas foutue prête de m'oublier de sitôt, Mademoiselle pimbèche », je lui dis à pensée basse... Ça fait rigoler le vieux Samuel qu'elle n'ait rien entendu. Il sait bien, lui, de quoi je suis capable. Ça m'a valu ma première colle. Ça commence décidément très bien.

Ma mère n'était pas folle, moi je dis. Lorsqu'on regarde les photographies, on se dit tout de suite « Cette femme n'est pas folle. » Encore des menteries de ma grand-mère... s'il fallait toujours faire confiance aux adultes, nous autres, les enfants, n'en sortirions jamais, de l'enfance. Voilà. Mais folle, ma mère l'était pas. Les photos jaunies qui sont collées dans les albums le montrent bien.

De mon père, j'ai pas vraiment de photos. Du moins, je devine que j'en ai lorsque je ne reconnais de son visage qu'un trou découpé aux ciseaux... un frère sans nom, un père sans visage : le compte est bon. Ma grand-mère a tranché la caboche de son fils sur toutes les photos lorsqu'il a envoyé une lettre disant qu'il ne reviendrait pas tout de suite... qu'il avait une vie à faire, qu'il avait vu assez d'horreurs et que les enfants, ses parents pouvaient les avoir, que de toute façon, ça restait dans la famille. La lettre, m'a raconté Franz, était adressée à ma mère, mais vu qu'elle était partie, c'est ma grand-mère qui l'a réceptionnée.

Hurler qu'elle a fait, contre ce foutu bâtard de fils qui, non content de ne pas être mort à la guerre, abandonnait ses rejetons sur les bras de ses pauvres parents, que « c't'enfant-là méritait pas la vie et que son sang pourri aurait dû abreuver des sillons impairs », un truc comme ça qu'il m'a raconté, Franz. Ma mère n'était déjà plus là et mon père le savait. « C'est de la méchanceté d'enchristé à l'égard de ses pauv'vieux parents », aurait juste dit Grand-père, avec un ton de voix définitif. Il paraît que ça a été tout. Après ça, ils n'en ont plus jamais parlé. Plus jamais évoqué ce rejeton indigne de ses parents et de sa descendance qu'avait pas été la chance de l'autre folle… qui n'est autre que ma mère. Mais elle n'a jamais été folle, faut pas m'en remontrer. Juste : c'est pour ça que l'innommable et moi-même, on a été élevés par nos grands-parents. Et par Franz, « avec son drôle d'accent de Chleuh » comme elle disait, Grand-mère, avant de marmonner, la tête et les pensées plongées dans ses lentilles. Chaque soir, Franz emporte les deux seaux et les mélange dans un sac : « Pour demain, Petite-Misère, pour pas que ta grand-mère elle perde, en plus de l'esprit, le rythme. Si elle perd ça aussi, c'est sûr, elle va arrêter de respirer. » Déjà qu'elle ne mange presque plus et qu'elle pleure toute l'eau de son corps…

Ma mère ne nous a pas abandonnés, l'innommable et moi. « Elle vous a laissés comme des lapereaux à votre triste sort », elle répétait, Grand-mère, sans imaginer que c'était elle, notre triste sort. On a déjà vu pire, moi je pense. Ma mère nous a laissés pour un homme. C'est la version officielle, et je m'en contente. Je vois de toute façon pas quelle autre raison elle aurait eue, elle n'allait pas nous laisser pour un cheval ou une chèvre... Ça n'en vaudrait pas la peine de partir pour autre chose. Elle ne nous a pas abandonnés. Pour preuve, c'est que son visage n'est jamais découpé sur les photographies, seulement celui de mon père. Mais je ne sais pas tout... et je m'en fous bien, moi, de savoir tout.

J'en sais assez avec ce que j'en sais, de ces histoires de dingues qu'en sont pas. D'ailleurs, la mémoire, moi je constate, c'est bien la plus belle poisse qu'on puisse se coltiner. C'est pire que la pauvreté, la mémoire, c'est pire, moi j'dis… parce que ces deux heures de retenues que je passe à regarder les nuages qui s'effilochent sur la fenêtre vont pas y changer quelque chose : si la poisse est pire que la pauvreté, c'est avant tout parce que la pauvreté, on peut en sortir. Avec du courage, de la volonté, du détachement, la pauvreté et la misère, si on veut, on peut toujours s'en guérir. Suffit d'y mettre de la seconde peau, de l'avant. Mais la mémoire, bernique. Tu l'as, t'en crèves doucement. Ou alors tu deviens comme l'autre pourrite d'autruche. Une autruche, c'est jamais qu'une grosse et infâme poule, con comme une poule, mais plus gros. Donc, plus con qu'une poule. Une grosse conne de poule, c'est ça, une autruche. Une énorme poule imbécile qui ne sait même pas mettre sa tête dans le sable. Sans doute que quand elles sont très très frustrées, elle deviennent institutrices, ou professeur de religion à la place du type en robe noire ? Va savoir…

Je déteste les poules. Peut-être parce que ça ne bouffe que des graines et des insectes ? Des insectes surtout, et des gros vers de terre luisants. Ça n'a pas de cerveau une poule, ou alors rien qu'un pois chiche qui ne sert à rien d'autre qu'à commander les muscles du caquetage et du picorage. Une poule, ça naît d'un œuf quand il a échappé à l'omelette, ça vit en caquetant et en bouffant des insectes, puis ça meurt au bouillon. C'est tellement bête, une poule, qu'on dirait que ça n'a pas de problème à vivre. Ça n'a pas de cerveau ni de souvenir, une poule. Rien que pour ça, je ne les aime pas, mais alors pas du tout, les poules. Peut-être est-ce une pointe de jalousie ? Ce serait plus facile d'avoir un pois chiche de cerveau de poule ou d'autruche, mais j'ai pas envie de devenir institutrice plus tard. Pourtant, ce serait plus simple d'être une poule.

Mieux vaut l'ignorance, moi je pense. Moins t'en sais, moins t'as de chances d'en crever... ou de tout quitter pour pas en crever... ou alors crever, mais pas de ça. Faut se contenter des réponses simples, voilà tout. Sauf que les réponses simples, parfois, ouvrent de nouvelles questions, et qu'en fin de compte, ces enfilades de questions dont les réponses sont de nouvelles questions, t'en vois plus la sortie.

Il m'arrive de me perdre dans la maison de poupée de ma tête. Je traverse des pièces qui se ressemblent toutes, avec le même fauteuil à bascule, le même guéridon sur la droite, les mêmes tentures en velours jaune... et lorsque je suis vraiment mais vraiment perdue, je crie après le vieux Samuel. J'entends alors son pas de boiteux se rapprocher, ça cliquette au fond de la maison, puis il est là. Il rentre toujours par une porte que je n'avais pas vue.

Cette maison est un vrai gruyère ; chaque jour qui me tire dans le dos, je découvre de nouvelles portes… et en toute logique, de nouvelles pièces. Après ça, faudra pas me raconter que ma mère était folle : elle était juste amoureuse.

C'est bien la seule raison pour laquelle j'imagine qu'elle a pu faire le choix de nous laisser ici, juste un an après ma naissance. Être amoureuse, il semblerait que ce soit une bonne raison. En tout cas, dans les livres que j'ai retrouvés dans la même malle que les albums de photographies, c'est comme ça que ça se passe, comme ça que quelque chose se passe.

« On naît sans le vouloir… », dit le vieux Samuel… « Et sans le savoir », je lui réponds… « Un jour on est là, on naît là, et seulement longtemps après, on en prend conscience, on s'en rend compte à la façon dont des choses nous agressent. Et au même moment, on découvre que ceux qu'on avait l'habitude d'aimer sont partis depuis longtemps. » Alors il se tait. J'aime pas trop lui couper la chique, mais faudrait pas exagérer.

Je pense à ce fichu galet qui ne prend pas une poussière, sur l'appui de la fenêtre de l'autre sans nom. Chaque soir, je vais le caresser, et je sais que je le ferai jusqu'à ce que l'innommable revienne le chercher. Et alors, j'lui tomberai sur le râble et je l'embrasserai comme si c'était la seule chose que j'ai toujours su faire.

Depuis des mois, le galet n'a pas bougé, je vois son ombre tourner avec le soleil ou avec l'éclat de la pleine lune qui se pose dessus. Je ne suis pas prête de croire aux conneries de Saroux… On ne meurt pas comme ça, je dis… On ne meurt pas comme ça, ni sans son galet. Je ne suis pas prête de croire à ces menteries de mangeur de fumier. Je dis ça au vieux Samuel, et lui, il s'en hausse les épaules. Il est si petit, qu'est-ce qu'il pourrait faire d'autre ?

Parfois, lorsque je souffle sur la pierre, je sens bien qu'il souffle avec moi, ce minuscule bout d'homme tout petit, même si lui comme moi, on sait que ça ne sert qu'à nous, même si ça ne sert à rien d'autre qu'à nous donner notre pain de patience quotidienne. « Amen », ajouterait Grand-mère… Comme je ne parle pas l'étranger, moi, je ne le dis pas. Vaut mieux être prudent à temps que trop prudent trop tard, ainsi soit-il…

IX

C'est pas que je veuille me plaindre ou jouer les Saintes-Martyres-de-la-petite-enfance-maltraitée... mais y a des jours où je suis un peu seule quand même dans ce trou à rats qui pue le moisi... D'accord, d'un côté, ça me donne amplement le temps de trouver de bonnes idées de mauvaises actions contre la pouffiasse qui nous fait la classe. Grand-père, il disait souvent « C'est qu'une pauv'vieille fille mal baisée, faut pas être trop dure avec elle, Petite-Misère... » C'est pas de ma faute à moi si elle est mal embrassée... Pour ce que j'en sais, c'est pas si grave que ça, elle doit pas être la seule à qui ça arrive, alors pourquoi je me priverais du plaisir de voir sa bête tronche se tordre de réprobation sous les rires de toute la classe... D'un autre côté... parce qu'il y a toujours deux revers aux médailles... ça me laisse le temps de réfléchir et d'avoir des migraines, le fait d'être seule ici...

Que je me sente isolée entre Grand-mère et son chagrin n'a rien d'exceptionnel. Que je me sente isolée parce que je suis devenue fille unique d'une famille de disparus est tout à fait normal, moi je trouve, et y a pas de quoi réveiller les morts, sonner les trompettes ou sortir tout l'attirail de combat. Que je me sente seule quand Franz passe deux jours sans venir à la maison réparer une fuite ou poser un moustiquaire n'est pas non plus une raison suffisante pour fouetter les chats ou briser des carreaux. Que je me sente seule au milieu des salopiaux de l'école est même une pensée tout à fait réconfortante. Le seul inconvénient dans tout ça, c'est la somme de ces abandons...

Il faut prendre les choses isolément, que je me dis quand je me retrouve le soir dans mon lit à faire des additions de ce genre. Parce que la somme n'est pas toujours la même. Elle varie selon qu'il pleuve ou qu'il fasse doux. Selon que la lune se moque trop fort dans le ciel. Selon rien, même, certains jours, juste comme ça, parce que la peau de Petite-Misère prend le dessous et que je ne suis pas rationnelle pour deux sous... Alors vaut mieux pas faire des additions... Vaut mieux calculer autrement... Soustraire un mort de la somme ou un disparu du total, avancer prudemment au-dessus du vide...

Quand je grimpe aux arbres, lentement, je m'arrête quand ça se met à tourner. À ce moment-là, je m'accroche à la branche la plus proche et je regarde en bas, tout en bas... sans fermer les yeux... jusqu'à ce que la hauteur me paraisse tout à fait banale et que tout se stabilise. Ensuite je peux monter plus haut... jusqu'au prochain vertige. C'est la même chose avec les calculs.

Quand le résultat donne le tournis au vieux Samuel, faut juste que j'arrête de penser deux minutes, le temps que tout se calme dans ma tête de piaf, puis que je révise mes comptes. D'abord, je vois pas en quoi je devrais calculer la fuite de ma mère amoureuse dans le total de mes solitudes... D'ailleurs, elle avait de bonnes raisons et qu'est-ce qui dit que si le camion les avait pas renversés sur l'autoroute, elle et son Turc ou son Italien, s'ils avaient pas été tués sur le coup, qu'est-ce qui dit qu'elle serait pas revenue au bout d'un jour ou deux pour nous chercher et nous emmener dans un petit bled trouvé qui serait moins petit qu'ici ? Personne ne saurait me jouer le contraire. Alors je ne vois pas pourquoi j'ajouterais cet événement au total de mes calculs. Ça fait déjà un élément de soustrait…

Quant à mon père, on n'en parle pas, j'ai pas de souvenir de lui, même pas une image jaunie et craquée, même pas une odeur de tabac ou de sueur, rien que des insultes de mère délaissée et des trous dans des photographies. Ça ne pèse pas lourd dans la balance, moi j'dis. Donc un absent qui a toujours été absent, ça ne s'additionne ni ne se soustrait, ça ne compte tout simplement pas.

La disparition de Grand-père appartient surtout à Grand-mère, je trouve, c'est elle après tout qui connaissait ses odeurs... après tant d'années… La seule chose qui m'ennuie ici, c'est que Grand-père est parti en emportant l'âme de Grand-mère et nos rires… Mais comme il était si petit, je peux peut-être le compter pour une demie dans l'addition, oui... une demie, ça devrait aller…

Finalement, il reste que cet innommé à mettre dans la balance, mais comme il risque de rappliquer un jour ou l'autre, je vois pas en quoi ce poids, ajouté à la demie de Grand-père, donnerait un chiffre astronomique trop lourd pour une Petite-Misère dans mon genre... C'est ça que je me dis dans les bons jours... Le vieux Samuel répète que j'y connais rien en arithmétique, qu'un et un font deux, mais moi j'dis qu'un et un de deux choses de poids différents, ça ne donne pas toujours le même résultat. Mais allez donc faire comprendre ça à un gnome de son espèce...

Avant-hier, j'ai mangé la dernière tarte du garde-manger. Franz est passé et il a dit « Va falloir que je vous approvisionne un peu, sinon tu vas te mettre à fondre comme ta grand-mère. » Il s'est accroupi près de moi. Il avait un drôle d'air. Quand il m'a embrassée, il sentait pas seulement le tabac, il sentait une sorte de parfum poivré. En plus, il s'était rasé. J'aime pas quand il est rasé comme ça... je ne le reconnais pas quand il est comme ça... Dès que je l'ai vu s'encadrer dans la porte, tout frais et propre, ça ne m'a rien dit de bon et j'avais tout à fait raison. Il m'a regardée dans les yeux et il a dit très sérieusement « Je m'en vais en ville, par le train, je vais être parti trois jours seulement. Est-ce que ça ira, Mamz'elle ? »

Quelle question... Comme si on répondait sincèrement à ce genre de question stupide comme « Est-que tu m'aimes ? » Vous avez déjà rencontré quelqu'un qui réponde non à cette question? Ça vaut pas la peine de les poser, ces questions idiotes. C'est rien d'autre que du temps perdu et ça oblige à mentir. « Est-ce que ça ira Mamz'elle ? » il a demandé le Franz... Comme si j'allais lui répondre « non, ça n'ira pas du tout, ça ne va pas du tout, reste ici, ne me laisse pas toute seule dans ce trou, je pourrai plus ni manger, ni dormir, ni grandir… »

Comme si c'était des mots qu'on prononce dans cette famille de volatiles... On a de la dignité quand même… J'ai fait signe que oui, que ça irait très bien. « Tu feras pas de bêtise pendant que je serai parti ? il a continué. Tu iras à l'école tous les jours pour pas que la maîtresse rapplique ici ou qu'elle avertisse les autorités à ton sujet ? Surtout n'oublie pas de mélanger les lentilles tous les soirs. » Puis il m'a tiré une mèche de cheveux et il s'est déplié. Avant de partir, il s'est retourné et a dit « Je te promets de revenir dans trois jours, Petite-Misère. Juré craché. »

Juré craché. J'aime pas quand les gens s'en vont par le train. Ça me rappelle la guerre et les histoires d'horreur de gens qui étaient comme des bêtes dans des trains, qu'on emmenait se faire brûler dans des fours. Des pensées comme ça, c'est plus lourd que toutes les additions que je peux faire dans mon lit… Ça me donne plus froid que le froid… Ça m'oblige à m'enrouler comme une boule et à me cacher la tête sous l'oreiller au risque d'étouffer. J'aime pas les trains. Ils vont plus loin que le village, plus loin que la forêt, au bout de ce que je ne connais pas et qui est trop loin d'ici pour que ce soit rassurant d'y laisser partir quelqu'un.

Ce soir, c'est pas les additions ou les trains qui m'empêchent de dormir. Ni le bruit du vent dans les arbres qu'on dirait des voix de fantômes... Le souvenir du regard de Franz me porte pas à dormir. J'aime bien quand il me regarde dans les yeux avec son regard d'attentif. Quand il me regarde comme ça, on dirait pas que je suis Petite-Misère, on dirait que je suis quelqu'un d'autre, quelqu'un que je ne connais pas encore mais que je vais devenir un jour. Et c'est ça qui m'empêche de dormir. Pas que je sois triste... Non... J'essaie juste de voir qui je serai quand je serai grande, si je le deviens.

Pour l'instant je vois pas grand-chose en fait. En vérité vraie j'y vois que dalle. C'est aussi noir que le tableau noir de l'école. Y a tout à écrire encore. Peut-être qu'un jour, ma peau de Petite-Misère sera trop petite pour moi... D'ailleurs, je reconnais plus mes odeurs depuis quelque temps... On devrait pas changer d'odeur, moi je trouve. Déjà qu'il faut s'habituer à voir partir les gens et à grandir, on devrait pas avoir à changer d'odeur.

La lune est là qui se fiche de tout dans le ciel. Toujours là qu'elle est, peu importe sa face, toujours là quelque part à se foutre des Petite-Misère dans leur lit et à jouer des ombres dans la forêt... Ce soir, je suis sortie dehors pour lui montrer que j'avais pas peur de ses marionnettes... Je suis sortie dans ma grosse robe de nuit blanche de sainte Petite-Misère-des-pauvres-enfants-abandonnés, les cheveux défaits qui me tombaient dans le visage, et c'est des grimaces que je lui ai lancées, des grimaces à faire peur aux squelettes des arbres, c'est des danses de sorcière que je lui ai faites, des coups de poing en plein dans son putain de sourire que je lui ai donnés… Le vieux Samuel faisait claquer les volets de la maison de poupée pour battre la mesure… Quel tapage on a fait… J'ai pris la terre à pleines mains et je m'en suis mis partout sur le visage… c'était doux et ça sentait la mousse… Une vraie sauvageonne, j'étais… J'en ai mangé un peu, juste pour savoir. La terre de ce bled perdu, elle goûte sucré et salé mélangé.

Quand je me suis allongée ensuite pour regarder le ciel, ça m'a fait une drôle d'impression… Je voulais plus bouger de là. Mon cœur battait fort et mon sang circulait vite. J'avais chaud. Comme si je m'enfonçais dans la terre… la terre me bouffait et j'étais bien.

Puis j'ai pensé « s'il est mort, l'ours, s'il est mort… s'il m'a fait ça… s'il est retourné dans les limbes, comment je ferai sans lui pour toujours ? C'est bête qu'il m'ait pas dit au revoir, c'est bête... Et que je puisse plus aller me coucher près de lui quand je fais des cauchemars… »

Mais on n'est pas à une bêtise près dans cette famille… On a le chic pour les départs précipités… On n'aime pas les enterrements, en fait. Ni les adieux.

C'est à ce moment-là que j'ai vu une étoile s'éteindre… Juste au-dessus de la grange… Fallait bien que ça arrive un jour ou l'autre… depuis le temps que je m'arrache les yeux à regarder le ciel, la nuit… C'est là que je me suis rappelée que j'étais quand même un peu seule dans ce foutu bled. Si seule que je pouvais le dire à personne que j'avais vu mourir une étoile... à personne qui m'aurait crue, je veux dire... Et la lune qui restait là avec sa sale face d'indifférente...

Alors je suis rentrée, puisqu'il y avait rien d'autre à faire, je suis rentrée dans la maison pleine de fuites. « Aussi bien dormir », j'ai décidé, comme ça un autre jour sera passé avant le retour de Franz.

X

Le temps qu'on pleure, c'est du temps qui ne compte pas. Du temps inutile... qui ne compte pas. C'est sans doute pour ça que Grand-mère compte de moins en moins dans mon calcul de présence. Je la vois qui fond comme un bonhomme de neige au printemps. De grosse qu'elle était d'avoir voulu guérir toute la famine des autres, maintenant elle est devenue si maigre qu'on lui voit les os. Elle pleure, et ce temps-là ne compte pas dans le décompte des présences.

Elle chantonne, avec une petite voix toute cassée, mais je ne comprends rien. Ça a été deux jours infects moi j'dis, que c'est même pas la peine de s'épancher dessus. Deux jours qui n'ont pas compté. Je ne me suis pas battue, j'ai écouté l'autruche cracher son dégoût de toutes celles qui dans les autres sont mieux baisées qu'elle. Je l'ai écoutée répandre sa bêtise de brave frigide sur ma petite tête blonde... j'ai fait comme si de rien n'était. Le vieux Samuel cirait les parquets de la maison de poupée dans mon crâne et je lui chuchotais toutes les plus bêtes pensées qui m'arrivaient : pour le déconcentrer. Il s'est cassé la figure, après avoir marché sur une flaque de cire fraîche. Je l'avais appelé et il a pas fait attention en se relevant. Je voulais pas ça, mais j'ai pas pu m'empêcher de rire. À l'intérieur, tout à l'intérieur.

L'autruche, lorsque j'ai quitté la classe, après deux jours de parfaite sainte nitouche, faute d'être toujours sainte Petite-Misère-des-anges-perdus, m'a dit « Je suis agréablement surprise de la conduite que vous avez décidée d'adopter, ma chère. » Je suis pas sa chair. Et pourquoi pas son sang, tant qu'elle y est ? J'ai répondu « Je vous déteste vraiment, vieille truie », mais c'est « Oui mademoiselle Buisson » qui est sorti. Peut-être que oui, peut-être que j'acquiers une conduite ? « Ce sont des choses qui arrivent », me dit le vieux Samuel que j'ai dans la maison de poupée de ma tête, mais je commence à m'inquiéter un peu. Kristy-Ann Buisson. Avec un nom comme ça, on ne peut pas lui en vouloir sans pitié. Pourquoi pas Lehoux ou Latouffe, tant qu'on y est ? Avec des noms comme ça, faut pas s'étonner que ça donne des faux derches moi j'dis et je maintiens.

Les choses prennent peu à peu un autre sens, une autre « disposition ». Je traverse des portes : y a que comme ça que je peux l'expliquer. Comme si, à chaque disparition, à chaque abandon, à chaque calcul faussé de somme d'absences ou de soustraction de présences, je franchissais une porte. Ça a commencé avec Grand-père, ça s'est aggravé avec l'innommable. Ensuite, Franz. C'est pas l'absence qui empêche de grandir, au contraire, je pense maintenant, alors qu'il y a deux jours, j'aurais dit le contraire... même si c'était peut-être déjà vrai. À chaque absence qui s'ajoute, je sens quelque chose qui pousse de l'intérieur et me tape dans le bas-ventre. Franz m'avait promis de revenir vite, mais je ne peux plus faire confiance. Ça aussi c'est nouveau.

« Petite-Misère, qu'est-ce que tu deviens ? me demande le vieux Samuel qui a fini de cirer, qu'est-ce que tu deviens ? », avec une petite voix très douce, qui ne s'adresse qu'à moi.... Bonne question, qu'est-ce que je deviens ?

Toutes ces absences commencent à faire trop. Tout d'un coup, l'ensemble des cubes, à cause des vides, se met à s'écrouler. Mais rien ne disparaît vraiment : un autre ordre s'élabore. J'essaye d'expliquer ça au vieux Samuel, mais il est si petit et si vieux. Il n'y pige que dalle. Ça tape dans mes boyaux. Faudra que je leur dise, à tous, que c'est de leur faute... Faudra que je leur dise, à tous ces absents, que ça commence à me courir sur les lentilles leurs simagrées pour m'abandonner. Je t'en foutrai, moi, des prétextes pourraves pour me laisser seule comme une pierre... « Faut que j'aille chercher l'innommable », « Faut que je vous réapprovisionne »... et puis quoi encore ?

La lumière est tombée. Franz n'était toujours pas rentré. J'ai pensé « il ne va pas me faire ce coup-là, lui aussi ? Hein ? Faut cesser les conneries maintenant... » Grand-mère n'a même pas entendu lorsque je suis sortie. Et, de toute façon, qu'est-ce qu'elle aurait pu faire ? Avant de partir, j'ai mélangé les lentilles dans le sac, pour qu'elle les retrie le lendemain. Je l'ai embrassée... ses yeux ne m'ont pas regardée. J'aurais bien aimé qu'elle me dise « Petite-Misère, pas question que tu sortes à cette heure-ci », mais elle ne m'a rien dit. Des larmes coulaient en silence le long de ses joues, mais elles n'étaient pas pour moi. Alors je suis sortie...

À tâtons, j'ai traversé la pâture jusqu'à la cahute de Franz. J'ai pris la clé sous le pot en terre cuite, à côté de la porte, et je suis entrée. Je connais sa cabane par cœur... c'est comme ça que j'ai pu me glisser dans son lit sans me cogner. C'était froid : les draps se sont réchauffés avec la chaleur de mon corps. Son odeur flottait, j'ouvrais toutes grandes les narines et j'aspirais toute cette odeur de Franz. C'était doux, et ça faisait mal... pour l'absence.

Des provisions ! Pour qui on me prend ? Des provisions... Allons donc... on ne se fait pas beau comme ça pour n'aller chercher que des provisions. Puis : « Il y a une anguille dans les rochers, j'ai le flair pour ça. Des provisions ? Pourquoi pas un portefeuille en peau de lutin ? Ça fait son joli cœur et ça vit dans une cahute au fond d'une pâture. Il va revenir, je le sens... je le sais. Mais je persiste à dire qu'on ne se fait pas aussi beau pour aller chercher une caisse de provisions. » « Tu es jalouse, Petite-Misère », m'a soufflé le vieux Samuel. J'ai fait semblant de ne pas entendre. J'avais des larmes qui ne demandaient qu'à voir, qui ne poussaient que pour sortir aux yeux.

J'ai bloqué l'air et l'eau, j'ai fermé toutes mes écoutilles, je me suis colmatée. La colère a monté, une sale colère liquide, pleine de désespoir. Je me suis crié dedans comme je m'étais jamais crié dedans : « PETITE-MISÈRE, FAIS GAFFE AU GOUFFRE... PETITE-MISÈRE, PRENDS GARDE... » et la colère montait.

C'est là que Mama Crevure a commencé à s'agiter... C'est elle qui tapait dans mon ventre depuis deux jours. J'ai fait un faux mouvement qui l'a réveillée, à moins que ce ne soit l'odeur du sang. Elle bougeait en tous sens dans les caves, cognant les objets que le vieux Samuel y avait rangés... Alors, forcément, ça faisait du boucan, cette petite bonne femme toute noire qui battait mon intérieur... et plus elle criait, plus je sentais les vibrations de ses coups de pied descendre jusque dans mon ventre. Je me suis recroquevillée dans les draps, remontant un pan d'odeur de Franz sous mon menton, et j'ai laissé l'autre petite folle se déchaîner. Y avait rien d'autre à faire que ça... J'ai attendu qu'elle cesse de donner ses coups de pied. Ça ne semblait pas devoir s'arrêter.

J'ai pas vraiment eu mal, c'était, comme qui dirait, pire. J'étais mal. J'étais prise dans du mal, pas dans la douleur, faut bien faire la différence. Et moi, je la faisais. Mon esprit est devenu une mouche, une grosse mouche noire bourdonnante pleine de pattes avec des petits crochets pour s'agripper au plafond, qui traversait la pièce comme une méchante folle. Sauf que c'était de la vitesse qui me faisait voler et le vieux Samuel, je l'entendais geindre loin derrière moi... il glissait, en chaussettes, sur les parquets cirés, et comme il avait repoussé tous le meubles, c'est par terre qu'il se retrouvait.

Mon esprit est devenu une grosse mouche noire, une grosse mouche énervante et bourdonnante qui zigzaguait et se posait sur les recoins tant qu'ils présentaient, selon comment elle vole, une surface d'accrochage. Mais j'en trouvais pas, moi, de surface adéquate, et le vieux

Samuel valdinguait d'un coin à l'autre. « Holà, il va se faire mal », j'arrêtais pas de penser, mais Mama Crevure se déchaînait. Elle me soulevait et me projetait. J'ai renversé des choses minuscules sur mon passage, jusqu'à une grande vitre bien propre que j'avais pas vue... faut pas me prendre pour un coquillage non plus, sinon j'aurais tourné. Faut dire ce qui est.

Lorsque je me suis éveillée, y avait du soleil dans la fenêtre. Franz était rentré. Il dormait par terre, à côté du lit. C'est vrai qu'il est pas bien grand, son matelas. Je me suis assise et ça l'a sorti de son sommeil. « Petite-Misère... j'ai pas voulu te réveiller », il m'a dit, tout endormi. « Tu t'es perdue ? » il m'a encore demandé. Je lui ai caressé le visage : mes doigts ont dessiné une longue ligne rouge sur sa joue. J'ai pas pensé à crier, ça m'est sorti de l'esprit lorsque je me suis rendue compte que du sang, c'est plein entre les cuisses que j'en avais. J'ai juste bredouillé un truc incompréhensible.

« T'en fais pas, Petite-Misère, c'est normal, Franz a dit. Toutes les filles ont leurs règles, la mienne aussi venait de les avoir, c'est pas bien grave. » Qu'est-ce qu'il croit ? Que je vais m'effrayer pour un peu de sang ? « Ce sont des choses qui arrivent bien un jour », il a ajouté encore. « J'ai déjà tué des poules pour voir qu'on pouvait perdre du sang par hasard, après un mauvais mouvement », je lui ai répondu ; il m'a regardée, tout bête. « Grand-mère, ça lui arrivait encore au moins une fois par mois avant que mon frère parte. Alors, elle mettait des guenilles de coton pour absorber, je suis pas plus bégueule qu'une autre, alors je ferai ça aussi. Mais c'est juste l'état de tes draps. Qu'est-ce qu'on va faire ? » « T'en fais pas pour ça, ma Misère, j'en ai vu des pires. C'est pas le truc le plus terrible que j'ai eu à traverser, ça, je peux te l'assurer. »

Et moi, c'est quoi le truc le plus terrible que j'ai eu à traverser ? La mort de l'étoile ? L'arrivée de Mama Crevure ? Les disparitions ? Grand-mère qui n'en finit pas de ne plus vivre ? J'arrive pas à me dire que c'est ça, le pire. J'y arrive pas. Comme si, à chaque fois que je franchis une de ces foutues portes, je me faisais une drôle de certitude qui me rappelle que le pire est à venir. Qu'on n'a pas encore tout vu, et que du pire, j'en trouverai. Du pire et du sordide.

Grand-mère était déjà sur son tabouret lorsque je suis rentrée. Elle triait les lentilles en marmonnant des imprécations contre son petit homme. Le galet n'avait pas bougé, personne n'était revenu. Fallait s'en douter. Je me suis lavée et changée... j'ai mis le galet en poche. « Je le jetterai, je me suis dit, dans la rivière… comme ça, avec le temps et le roulis, ce caillou de soldat mort retournera peut-être en Normandie ? On ne sait jamais. »

Je suis arrivée en retard à l'école, pas beaucoup, mais quand même. L'autruche m'a dit, avec sa voix de crécelle, « Je vois que les bonnes intentions se sont vite envolées. » J'ai baissé la tête, pour qu'elle ne voie pas quels yeux de couteaux j'avais dans les globes. Je suis passée devant elle sans rien dire et j'ai été m'asseoir à ma place. Les salopiaux chuchotaient ferme. « Foutue truie », j'ai pensé très fort en espérant qu'elle tombe raide morte, la langue hors de la bouche.

Mais il ne se passe rien. Toute la journée, de plus en plus fort, je pense « sale truie », en espérant la voir crever comme un poisson hors de l'eau. Ça ne marche pas… peut-être je manque d'entraînement. Ça ne marche pas, la preuve, c'est que je terminerai ma journée par deux nouvelles heures de colle. « Sale truie », je pense. Deux heures de colle pour cinq minutes d'absence ? Quelle arithmétique elle utilise, celle-là ? « Faudrait apprendre à compter, ma grande », lui dit le vieux Samuel… pour me montrer qu'il me soutient… mais elle ne l'entend pas. Parfois il m'énerve un peu, ce nain.

Mama Crevure se fait oublier. Ça passe doucement. C'était pas le pire que j'ai eu à traverser, voilà ce que j'en dis.

XI

C'est pas parce que Franz est revenu que je vais me mettre à construire des tours de Babel. Faut juste que j'apprenne à ne plus attendre, voilà tout... Parce que si j'apprends pas, le pire que je peux traverser risque de finir par arriver. Et ça viendra par le mouillé, j'en ai comme l'intuition. Tout commence ou finit toujours par le mouillé dans cette famille de volatiles…

Le sang entre mes cuisses, c'est les larmes retenues qui l'ont déclenché, toutes les larmes que j'ai retenues depuis que l'innommable est parti à la pêche sans moi... Les larmes et le sang, c'est lié. D'ailleurs, Grand-Mère, elle n'en perd plus depuis que des torrents d'eau salée coulent de ses yeux. C'est logique, tout ça. Elle fond et moi je grandis. Y a toujours un équilibre qui s'installe, peu importe la tempête…

Mon frère il reviendra pas, c'est clair comme de l'eau de roche. Faut bien que je me rende à l'évidence… je vais pas passer ma vie à me raconter des histoires. « Il ne reviendra pas. » Je me répète ça, depuis quelque temps. Depuis la mort de l'étoile, en fait. Au début, je faisais que le penser, mais maintenant je le dis. Pas bien fort encore, mais je le dis quand même. Pour m'habituer aux mots : « Il ne reviendra pas. » Alors quand je les entendrai de la bouche de quelqu'un, je serai déjà habituée. Qu'il soit mort ou parti ailleurs, ça change rien pour moi, au fond des choses… Je dois juste faire attention de pas tomber dans les trous qu'il a laissés en partant parce que Grand-mère, sinon, elle aura plus personne pour mélanger ses lentilles et lui faire avaler sa soupe.

Je sais pas quel poids j'ai dans les calculs de Grand-mère ou de Franz, je ne sais pas ça pèse combien au juste, une Petite-Misère… mais ça doit quand même compter un chouya puisque Franz est revenu s'enterrer ici après être parti à l'autre bout des rails du train. On revient pas comme ça ici pour rien quand même…

Personne n'était jamais revenu avant Franz. J'avais jamais connu personne qui revienne après être parti. On fait pas les choses à moitié dans cette famille. Quand on part, c'est pour de bon. Mais là, je suis pas tellement dans mon assiette ni dans ma tête et ç'a à voir avec ce retour. La vieille Buisson m'a même renvoyée à la maison séance tenante quand je me suis évanouie en me rendant au tableau ce matin. Je ne m'étais jamais évanouie avant… Je suis tombée juste à ses pieds. Quand je me suis réveillée, elle me tendait un verre d'eau avec l'air inquiet. Pour un peu, je l'aurais crue sincère. Les salopiaux de la classe se tenaient tranquilles pour une fois. Ils ont eu peur que je me réveille pas, on dirait.

« Attends-toi, ma vieille, à me voir tomber dans les pommes assez souvent », je me répète depuis tantôt que je suis dans l'orme, m'agrippant bien à la plus haute branche avant le vertige. Ça fait danser le vieux Samuel, quand je tire des plans comme ceux-là. Il danse comme une marionnette à fil, sauf qu'il n'y a pas de fil... Grotesque, il est, mais qu'est-ce qu'il ferait sans moi... il est si petit et si maigre. On dirait toujours qu'il va se casser en mille miettes d'une minute à l'autre. Quand les gens partent, on attend, on pleure, on espère, on se souvient. Puis on oublie, quand on a la chance de pas avoir de mémoire. Je le sais. Je connais.

C'est l'enchaînement logique des choses. Mais quand les gens reviennent... « On s'évanouit... », il me ricane le vieux Samuel... Peut bien rire celui-là avec toutes les pommes de terre qu'il pèle comme un fou. « Pourquoi que tu épluches autant de pommes de terre, vu que tu es tout seul dans ma maison de poupée de la tête », je lui ai plusieurs fois demandé, et « que toutes ces patates remplissent déjà le grenier et que ça va déborder dans les chambres si tu continues ? » Toujours il répond « pour nourrir les enfants que nous n'aurons jamais si tu es toujours aussi gentille avec ton vieux Sam » et ça me rend joyeuse, parce que ça me plaît bien, cette idée de ne pas avoir d'enfants avec lui... Il est trop vieux de toute façon... on aurait des nains, et c'est pas pratique à accoucher moi je pense... à cause des petites brouettes pleines de géraniums qu'ils poussent toujours.

Je sais pas quoi faire quand les gens réapparaissent. C'est ça le problème. Maintenant, je commence à croire que Franz est revenu pour toujours et ça me donne une drôle de nausée. Parce que je sais très bien que c'est du bidon tout ça, que c'est de la frime, du pipeau, du rien. Et en rien, je m'y connais, faut pas croire. Il faut faire attention quand les gens qui sont partis reviennent. Faut faire attention. Parce que les retours, ça fait tourner le vent. Après, le ciel est beaucoup trop clair pour qu'on y croie. Maintenant, je sais exactement quelle odeur Franz laisse derrière lui, et je peux avoir très peur maintenant qu'il me refasse le coup une deuxième fois… puis une troisième… jusqu'à disparaître complètement et que je me retrouve dans le gouffre avec Mama Crevure. C'est ça le danger… C'est ça qui donne mal au cœur…

C'est pas parce que Franz est revenu que je vais me mettre à construire des tours de Babel. En fait de tours de Babel, j'ai les arbres et ça me suffit. Franz partira un jour comme les autres... juste une question de temps... j'ai rien à attendre de lui. C'est pas à cause qu'il m'a dit que je lui avais manqué qu'il va rester ici pour toujours.

Le manque, c'est de l'air un peu plus lourd à respirer, juste ça, quelques pierres de plus dans le ventre, du temps à tuer, rien de plus… Ça n'a jamais ni retenu ni fait mourir personne. La preuve, depuis que l'autre sans-nom est parti, je suis plus vivante que jamais. C'est comme ça. On peut vivre même coupé en deux. De toute façon, c'est pas ça le plus important. Le plus important, c'est que, quand ils vont et viennent, les gens changent.

Ils ramènent alors des choses qu'on aimerait mieux ne pas voir se ramener. Les allers et retours, ça n'annonce rien de bon. Tout à l'heure, en revenant de l'école, j'ai décidé d'arrêter chez Franz, histoire de voir si j'avais pas rêvé son retour. « Tu vas pas bien ? » il m'a demandé... ça m'a enragée. L'aurait pas pu simplement m'engueuler parce que j'étais pas à l'école comme il se doit ? Non. Il a été gentil, ce qui n'est pas pour m'aider à y voir clair dans son retour. Il m'a fait entrer dans sa cabane et m'a servi du thé. J'ai compris tout de suite qu'il avait quelque chose à m'annoncer. « Je suis allé voir ton père, à la ville », il a lâché tout d'un coup. J'ai vu l'anguille s'enfuir entre les roches coupantes.

Tout d'abord, j'ai pas bien compris. Non pas que je sois sourde, mais le vieux Samuel s'est mis à faire tout un raffut au même moment. Il s'est levé et s'est agité frénétiquement en tâtant les murs de ma maison de poupée. Les pommes de terre se sont mises à rouler dans tous les sens et le pauvre arrêtait pas de trébucher dedans. Alors j'ai été distraite. Ensuite il s'est enfui par une porte derrière un rideau… ça m'a fait tout drôle, le tas de patates sans lui... Pendant que tout ça me remplissait la tête et que je cherchais le vieux Samuel, Franz continuait à parler, parler… À la fin, il a dit « Tu m'écoutes ? Ça ne te fait pas plaisir ? » J'ai dit oui, parce que Franz il voulait que je dise oui et qu'il est toujours préférable d'acquiescer quand on n'a pas entendu ce qu'on vous a dit.

Le silence est retombé. Franz a continué à boire son thé mais moi j'ai pas touché au mien. J'aime bien rester dans le silence de Franz. Lui aussi il aime bien, rester dans mon silence je veux dire, parce que ça a duré longtemps… Puis il a voulu se rouler une cigarette. Alors j'ai dit «Je peux le faire, je sais comment.» Il a eu l'air surpris. Il m'a tendu les petites feuilles de papier, le tabac et l'herbe. J'ai tout roulé comme je l'ai toujours vu faire. Quand j'ai voulu allumer, il m'a retiré la cigarette des mains. «Pas encore, Mam'zelle, vous êtes trop jeune... et puis tout va se défaire, tu n'as pas roulé assez serré…» Il souriait. Il m'a encore regardée comme si j'étais celle que je serai un jour qu'est pas si loin. «Tu m'as manqué, ma Misère, vrai comme je suis là, tu m'as manqué.»

J'ai rien répondu. Je suis partie en courant. C'est monter aux arbres, que je voulais, rien d'autre, aux arbres dans le calvaire en ruine. Pour me répéter ses mots et me dire que ça ne signifie pas qu'il va rester. «Faut pas croire les hommes, Petite-Misère…», elle me disait Grand-mère, «faut pas croire les mots des hommes, c'est leurs actions qui parlent le mieux…» Alors moi je me dis que Franz, puisqu'il est parti, il va repartir, c'est logique. C'est pas parce qu'il s'est un peu ennuyé de mes bêtises qu'il va rester ici jusqu'à ce que je sois celle que je serai. Je suis pas née de la dernière suie. Je viens juste d'apprendre une nouvelle chose : y a ceux qui partent pour toujours, y a ceux qui reviennent, et il faut autant se méfier des premiers que des seconds.

N'empêche, les choses sont simples. Il suffit de pas, de ne rien attendre. Suffit de ne rien vouloir. C'est comme pour les fuites. On laisse les seaux dessous et on récolte ce qui tombe quand ça tombe. Y a qu'à vider de temps en temps pour éviter que ça déborde.

Franz a dit que je lui avais manqué. Très bien. C'est comme ça. C'est pas une raison pour me mettre à trembler comme une feuille. C'est pas une raison pour m'évanouir, ni non plus une raison pour avoir envie de chanter. C'est juste un bon prétexte pour monter aux arbres et rester là, dans le ciel, à regarder les autres s'agiter en bas. Pour une fois le vieux Samuel est d'accord avec moi, entièrement d'accord. L'a même décidé de réapparaître, tiens, comme à chaque fois que je me planque dans un arbre... À moins que ce soit le chant du hurlevent, tout proche, qui l'ait attiré... Un hurlevent vient de se poser dans le saule d'en face, avec toutes ses plumes ébouriffées. « C'est un oiseau de malheur, Petite-Misère », Grand-père me disait souvent.

Le vent a tourné depuis que Franz est réapparu, c'est tout. Je m'en suis tout de suite aperçue et le vieux Samuel aussi. Les signes sont là. Le vent a tourné et j'essaie de me préparer à ce qui s'en vient, comme de juste. Faut dire que je commence à avoir l'habitude de lire les mouvements de l'air et les courants sous le terrain... C'est comme pour les animaux ; ils savent très bien que l'orage s'en vient, même si le ciel est clair.

XII

Je n'ai pas tué Grand-mère. Je ne l'ai pas tuée ni n'ai jamais souhaité sa mort… ça ne l'a pas empêchée de mourir. Doucement. Aussi silencieuse que si elle avait été gênée de me faire ce coup-là. Ça devait bien arriver. Mais comme ça... Ma peau de Petite-Misère est mise à mal, voilà ce que j'en pense. Pas pour m'excuser de quoi que ce soit, mais c'est comme ça : ma peau de Petite-Misère, heureuse je suis de l'avoir pour me protéger un chouya, heureuse, mais seulement de ça.

Franz a été voir l'homme sans visage. Il a été au bout des rails pour voir quelqu'un qui n'a pas de visage. Comment l'a-t-il reconnu ? Hein ? Comment ? Et puis, pourquoi aller si loin ? Pour ramener un corps sans tête ? Je comprends, seulement maintenant, qu'on s'est bien foutu de ma tête de piaf : tout le monde savait que l'homme sans tête traînait dans un domicile fixe loin d'ici, et personne ne m'en a rien dit. Des foutaises qu'on m'a racontées, à moi et à mon innommable. Des foutaises juste bonnes à faire pleurer les fées. Tout le monde savait. J'y crois pas… j'ose pas y croire… ça ne peut pas être vrai... à moins que ça ne fasse partie de ce qu'on apprend avec l'âge.

De toute façon, c'est sûr, j'ai pas tué Grand-mère. C'est l'homme sans visage qui l'a tuée, personne d'autre. Lorsque je lui ai dit que Franz avait été le voir, ses larmes se sont arrêtées de couler aussi sec. Elle a ouvert des yeux comme des assiettes, avec des bouts de mer dedans, et des gouffres au centre. Sa bouche s'ouvrait par petits hoquets, comme si Grand-mère avait été tirée de l'eau dans laquelle elle se trouvait depuis le départ de son petit homme et de mon frère. Sa bouche s'ouvrait en silence, et sa respiration… ben sa respiration était toute courte. Elle levait sa petite tête toute flasque vers moi, et ses larmes s'étaient arrêtées. Plus une goutte, plus une pour suivre le parcours des ravins sur ses joues. Elle n'a plus voulu trier ses lentilles… toutes sont restées dans le même seau, noires et blanches mélangées... j'ai senti que toute cette histoire commençait à tourner mal. Franz avait l'air inquiet.

Il me fuit. Depuis qu'il a été voir l'homme sans visage, il me fuit. Je cherche pas à le rattraper. J'aurais pu essayer, si Grand-mère avait lâché mon bras, mais elle s'agrippait. Elle répétait sans cesse « La vie, c'est une belle panade, Petite-Misère, c't une calvaire de belle poisse, n'oublie jamais ça. Les hommes sont tous les mêmes, les femmes sont toutes les mêmes, et les enfants, c'est des adultes qui arrivent et qui vont resservir la même crisse de panade. N'oublie jamais ça Petite-Misère. Ne fais confiance qu'aux pierres, au moins elles ignorent l'abandon. »

Mourir, voilà, elle s'est laissée mourir, c'est la vérité juste, elle a laissé la vie fondre hors d'elle, et rien d'autre n'aurait pu arriver. Elle est montée se coucher et j'ai regardé le vide qui l'accompagnait. La maison était creuse comme c'est pas permis de l'être, ça sonnait vide. Même le bruit de mes cheveux se confondait avec l'écho.

Par la fenêtre de la cuisine, je voyais qu'il y avait encore de la lumière dans la cahute de Franz. Je voyais un carré jaune au centre d'une ombre, là, au fond du potager : une ombre au fond de l'obscurité. Ça me faisait drôle d'être dans la lumière, la dernière vivante éveillée de la maison. J'étais seule en bas, Grand-mère a fait craquer le plancher à l'étage, en remontant le couloir jusqu'à sa chambre. Avec la nuit, le vide se voit mieux. Je l'ai entendue remuer dans son lit… rien qu'un peu… pas beaucoup… les ressorts ont couiné. Puis elle s'est apaisée, j'ai plus rien entendu. Franz a été voir l'homme sans visage. Et pour lui dire quoi ? Hein ?

Les choses changent. Plus le temps passe, plus se changent de choses en d'autres. C'est clair que tout ça se passe à mon désavantage, mais je peux compter sur la peau de Petite-Misère qui me recouvre. Quelque chose se prépare. Je me dis ça : « Quelque chose te pend au nez. »

Avant, tout était là, rien ne devait arriver, et c'était bien comme ça. Mais maintenant, depuis que le vide gagne du terrain, maintenant que la présence qui m'entoure décroît, je me dis que tout peut advenir. Tout peut débouler comme un diable en queue de chemise. Quelque chose va arriver, je le sens, et le vieux Samuel aussi. L'est moins serein depuis quelque temps. De mes caves remontent des odeurs de vinaigre.

À force de vivre avec des bêtes et des bouseux, à force… on retrouve ses instincts de bête et de bouseux.

On sent les choses. Dans mes narines, une odeur de danger… elle flotte dans la pièce. Si l'innommable était là, il me serrerait dans ses bras… à moins qu'il ne m'éjecte en disant « Ça va comme ça Petite-Misère, t'es une grande fille maintenant. » C'est peut-être pour ça, l'odeur du danger.

Je ne peux pas m'empêcher, en écoutant le calme laissé par Grand-mère, de me dire que je dois rester attentive, attentive comme jamais à ce qui me fera basculer. Parce que ça arrivera. Je le sais maintenant, dans cette saloperie de maison vide. L'écho résonne de ça. Ça dit « Petite-Misère, quelque chose va te faire basculer… tu vas valser dans du pire, Petite-Misère… ça arrive... respire donc bien avant de plonger... »

Lorsque Grand-mère est montée se coucher, j'avais la marque de ses doigts sur la peau. Ses cinq petits doigts étampés sur ma peau et ça fourmillait en-dessous. Le sang circulait en chatouillant. Le lendemain matin, elle était toute grise, toute minuscule. Ses mains étaient posées à plat de chaque côté d'elle. On voyait qu'elle avait lissé le drap. Je l'ai regardée un moment. C'est la première fois que je voyais une morte. Elle ne ressemblait pas à ma grand-mère… J'ai appelé Franz : des voisines sont entrées dans la chambre. On m'a dit « File, c'est pas une place pour une gamine. » « J'vous emmerde toutes », j'ai répondu entre mes dents… ça manquait d'air là-dedans. Le jour était gris, comme la vieille femme morte dans le lit de Grand-mère. Le jour était mouillé, avec des rafales de vent à vous dépiauter les boyaux. L'herbe était trempée, mais je ne m'en suis rendue compte qu'au calvaire… que j'étais partie pieds nus. « Encore un truc à vous croquer les poumons », m'a dit le vieux Samuel. « C'est un beau jour pour mourir », j'ai répondu à voix haute, comme les chefs indiens des histoires que me racontait parfois l'innommable. J'ai pensé à lui... les larmes ne sont pas venues. Le soleil n'a pas passé avant midi.

Lorsque je suis rentrée à la maison, c'était la nuit. La dame morte était couchée dans une caisse en bois. On lui avait enfilé une robe noire que Grand-mère avait toujours refusé de porter. J'ai pas trouvé qu'elle avait l'air heureuse. On avait mis le cercueil dans le salon et, sur les murs, on avait tendu des tissus brillants, noirs et mauves. Il y avait des gens dans la pièce, mais il faisait trop sombre pour que je m'approche d'eux.

Franz est venu derrière moi, s'est accroupi et m'a soufflé à l'oreille « Faut que je te présente quelqu'un, Mam'zelle… » Un petit homme à l'air triste a contourné le cercueil, en longeant les tentures mauves. Ses épaules ont produit un souffle sur le velours, un sifflement. Je l'ai reconnu tout de suite… Comme sur les photographies, il n'avait pas de visage. « Comme ça les présentations sont faites », j'ai dit à Franz avant de me diriger vers le petit homme triste. Il m'a serrée dans ses bras et je l'ai laissé faire. J'avais pas le choix : la vie, c'est une belle bouillasse de mormons.

« La vie, c'est du biniou d'viarge », elle disait, Grand-mère, avant qu'on referme une drôle de boîte luisante sur son visage et qu'on l'enterre bien profond dans la terre détrempée… J'ai pas pleuré parce que, de toute façon, ma grand-mère elle n'allait pas avoir froid... si vous aviez vu les couches de dentelle et de coussins brillants dans lesquelles elle était couchée, vous comprendriez pourquoi. Et de toute façon, moi, j'ai jamais vu un mort avoir froid ou alors… c'est qu'il l'était pas…

Le petit homme triste m'a prise par les épaules et il m'a dit, comme ça, dans l'oreille, « La vieille est morte. » J'ai attendu qu'il continue : « T'es une grande fille maintenant, les choses vont un peu changer, c'est juste de la métamorphose, c'est normal à ton âge. » J'ai rien compris mais ça m'a fichu les jetons, ça m'a glacée sans que je sache pourquoi. Alors il m'a serrée contre lui, et j'aime assez ces effusions qu'on peut avoir à mon égard de petite personne. Le vieux Samuel s'en fiche, c'est pas un jaloux, depuis le temps qu'on vit ensemble… comme il dit. Et puis, c'est quand même mon père, mais ça, le vieux Samuel, ça ne l'incommode en rien…

Avant qu'on quitte l'église, celui qui a une robe et une tane en-dessous a serré la main de l'homme triste et, penché vers mon visage, m'a chuchoté un machin comme qui dirait « Il te faut croire, alors seulement l'amour de Notre Père t'enrobera et te fera oublier ta grand-maman… » Ça sentait pas la fleur, moi j'dis. Le vieux Samuel chantait « tu pourris d'la bouche, vieux crapaud... », le curé me regardait, alors j'ai fait comme si j'allais pleurer, ça marche toujours. Il m'a tapoté la joue avant de parler à voix basse à papa. Pour qui il se croit, ce taneur des Glises presque mort ? Hein ? De toute façon, s'il suffisait de croire, ça se saurait et tout le monde le ferait, moi la première, c'est aussi simple que ça. S'il suffisait de croire, ça se saurait je pense ; je veux dire que si c'est le fait de croire qui fait que quelque chose se réalise, et le fait de ne pas croire qui fait qu'autre chose ou la même ne se réalise pas, ça se saurait. C'est comme le boudin de castor, si c'était aussi bon qu'on le dit, tout le monde en mangerait, mais, comme dit le vieux Samuel « J'ai jamais rencontré personne qui s'en soit vanté. » Ou alors, je pense, la solution n'est pas aussi simple que ça. Mais j'en doute. « De toute façon, je ne vois pas pourquoi je devrais oublier ma grand-mère », tout bas au vieux Samuel et j'ai bien cru qu'il allait mettre le feu à la tane... Le curé est parti, et me voilà toute seule à regarder des bougies.

Toute ma vie jusqu'à il y a trois jours, je pensais, ma grand-mère a été ma mère parce qu'elle avait l'habitude d'être ça. C'est ce qu'elle racontait en rigolant : « Une mère, j'en ai pas eu, moi. » Je dis : ça vous évite de devoir expliquer toutes ces choses que mon âge m'interdit de savoir ou m'impose d'ignorer. J'ai eu longtemps une grand-mère qui a dû être la maman de la mère que j'aurais pu avoir si le cas s'était présenté. Ça ne s'est pas présenté. Un jour qu'elle était énervée, elle a lâché : « Ta mère, c'était une moins que rien. » Je suis donc née de rien, autant dire « pas née » peut-être. Née de rien, c'est être rien, c'est même pas morte, c'est n'être de rien, naître rien… ne rien être. Le vieux Samuel rigole quand je lui raconte ça, mais je sens bien qu'il y a déjà pensé, parce que c'est aussi son cas, faut pas croire. Né de moi qu'est rien, il peut pas être grand-chose de plus… Lui, il me rassure en répétant que si je suis rien, il ne peut rien m'arriver. Pas de changement, du « tu bouges pas de là » en plein.

Grand-mère qui meurt, ça montre juste que le vieux Samuel, parfois, il se plante… « Celui-là, il en rate pas une », je répète à un ours de chiffon qu'on m'avait confectionné dans une chaussette esseulée. Deux boutons pour les yeux, deux points croisés en fil vert pour le nez et le tour est joué. Pas difficile de devenir quelqu'un quand on vient de quelque part, même pour un ours de chiffon… même s'il ne ressemble alors mais pas du tout à un ours, d'ailleurs. Rien devient rien, c'est mathématique mon cher Watson, et le vieux Samuel tire la langue en découvrant ses dents toutes pourries. C'est pas avec les parents que j'ai eus que je pourrais espérer plus que ce que je suis. Drôle de sort, ça, ça pue l'injustice à plein naseaux. Le vieux Samuel s'effraye, forcément… il est si petit.

Que ma poitrine ait commencé à être douloureuse puis à gonfler n'est pas la chose la plus importante qu'il me soit arrivé de traverser ; ce sont des choses qui arrivent, exactement comme n'importe quelles autres d'ailleurs. « On n'est à l'abri de rien par les temps qui courent », dit le vieux Samuel, alors je fais attention de ne pas marcher trop vite… pour qu'il ne m'arrive rien. Mais c'est du bluff, j'ai expliqué pourquoi déjà. Je sais que je n'y crois pas. C'est peut-être ça mon erreur? « Tes seins ressemblent à deux petits œufs sur le plat de ton torse », le vieux Samuel dit toujours. Pour ma part, je pense qu'on ne fait pas de femmelette sans en casser, des œufs, et je me demande bien ce qui a pu se casser en moi pour provoquer ces deux œufs fermes que je cache encore comme je peux dans mon chemisier. Le vieux Samuel aime bien s'asseoir dans l'intérieur de mes bouts de poitrine qui poussent... je le sens parfois s'assoupir là lorsqu'il découvre ses années lui peser sur les épaules, comme il dit souvent. Ça ne concerne que lui et sa façon de voir, je veux dire qu'il n'est pas plus vieux que moi, ce p'tit bout de vieil homme. La preuve, c'est qu'il n'a aucun souvenir d'avoir habité qui que ce soit avant moi... c'est pas fiable, la mémoire... et plus on est petit, plus on ne cherche pas à ne pas oublier... Alors, le vieux Samuel... De toute façon, on habite tous des maisons qui se ressemblent, donc peut-être le vieux Samuel il se trompe... comment il peut être si sûr? Quels sont les changements qui m'attendent? Ça, personne le sait. On vit drôle moi je dis, « même si on ne rigole pas toujours », ajoute le vieux Samuel. Mais une fois de plus, il se trompe, c'est peut-être parce qu'il est petit. Moi aussi je me trompe aussi parce que je le suis aussi... c'est pas si compliqué que ça, en fait. De toute façon, c'est le moindre de mes soucis.

Le petit homme triste m'a dit, après qu'on ait bouché le trou de ma grand-mère, « Tu vas venir habiter avec moi, vu que la vioque est plus là pour t'élever », mais moi je ne veux pas. Faut me comprendre : j'ai pas d'autre endroit que chez ma grand-mère. J'ai pensé « Je suis dans une maison de poupée de la tête de quelqu'un et je ne peux pas partir comme ça. » J'ai fait comme si j'allais pleurer, ça marche toujours... j'ai fait comme si... mais c'est vraiment venu... c'est le vieux Samuel qui avait ouvert les écoutilles pour pas que sa maison elle soit inondée par mes larmes d'intérieur ; je vois que ça comme explication. Ça coulait... et le vieux Samuel qui priait pour que la maison ne soit pas emportée au dehors par toute cette eau salée, ou engloutie et remplie de méduses.

J'ai eu beau schniffler, ça n'a pas empêché les méduses de venir piquer : l'eau salée, c'est comme de la mer, ça les attire... le vieux Samuel avait peur d'être piqué, c'est un trouillard, moi je dis. Mais ce qui est sûr, c'est que j'ai eu beau renifler, la mer est sortie par tout mon visage. Alors, on ne voyait plus rien. J'ai juste senti les bras du petit homme triste m'entourer : « Si tu préfères, je viendrai habiter chez ta grand-mère, histoire que tu t'y fasses. De toute façon, la maison t'appartient. Elle te l'a léguée. » « On est parfois étonné du pouvoir des petites personnes », il m'a encore soufflé à l'oreille avant de se relever... au moment où je me suis rappelée que je ne le connaissais pas depuis longtemps. Lui, il m'a reconnue dès qu'il m'a vue, c'était pas difficile, on me poussait dans le dos... moi aussi je peux reconnaître qui je veux si c'est la seule personne qu'on pousse vers moi. J'étais coincée et puis il y avait ses yeux pareils à ceux d'un vieux chien de ferme. Faut pas s'imaginer que le cœur d'une petite fille soit en mesure de résister à ça, alors j'ai mis ma main dans la sienne et tout était dit.

Le soir, en me regardant dans le miroir ovale au-dessus de l'évier, dans la petite salle de bains de ma grand-mère, j'ai vu qu'un gros bouton rouge à tête blanche était apparu sur mon front. J'ai fait preuve, comme dit le vieux Samuel, « d'une excellente aptitude aux réflexes innés » lorsque je l'ai percé entre les ongles de mes deux pouces... un peu dégoûtée... Me voici à l'âge où, après un court développement aléatoire, on se met à pourrir par petites secousses. Faut pas me prendre pour une huître, je sais bien que c'est de la pourriture, ce blanc sorti de mon bouton. Mon front cuit... ça brûle un peu, comme après une pincette du jars de la ferme des vacances... mais au front. Le petit homme à l'air triste m'a dit « T'as de l'acné à ton âge ? T'es précoce en tout ma fille... tu changes », mais je ne comprends pas le pourquoi du comment. Il paraît que j'ai « des petits œufs verts qui poussent », dit le vieux Samuel. On n'est plus fâchés. Mais il se méfie, je le sens... il se méfie, et il a raison moi je me dis, parce que je suis rancunière comme une tique.

XIII

Ça fait une semaine que j'ai pas mis les pieds dans la cahute de Franz. Une semaine complète sans l'approcher ni lui parler. S'il pense qu'il me fuit, alors là il se trompe royalement. C'est moi, Petite-Misère, qui le fuis. Petite-Misère.

Que Grand-mère m'ait menti, je peux le comprendre. Elle avait trop de mal dans le corps à cause de son sans-dessein de fils. Que Grand-père m'ait menti, je veux bien aussi, puisque Grand-mère le menaçait de le rendre aux fées s'il s'avisait de seulement prononcer le nom de ce bâtard de fils… Mais que Franz n'ait rien dit…

Depuis une semaine, je fais comme s'il était déjà parti, comme s'il était plus là depuis belle lurette. C'est comme ça qu'il faut réagir aux retours, j'ai conclu, après les funérailles de Grand-mère. Au fond, les retours et les départs, c'est du pareil au même. C'est comme ça qu'on devrait toujours vivre. Comme si les gens qu'on aime étaient déjà partis… Ça ne plaît pas du tout au vieux Samuel, ce raisonnement, mais il devra bien s'y faire parce que je ne changerai pas d'avis. Faut se préparer, toujours, sinon c'est la merde qui pleut, sinon on a l'air idiot, comme moi le jour que mon frère a disparu. Ou alors on se retrouve à compter des lentilles… ou alors on se met à creuser des trous dans la boue pour trouver des flingues à tuer le temps. De toute façon, on a l'air grotesque ou ridicule, au choix…

Il doit en rire un coup, le Bondieu des zéternités, de nous voir tous aussi déconfits à s'imaginer que tout peut rester pareil, qu'on peut faire confiance aux bras qui nous enveloppent dans le froid, puis de nous voir fouiller le vide avec nos mains quand il ne reste plus personne autour…

Si j'avais su, c'est moi qui serais partie. C'est l'autre conclusion à laquelle j'en suis arrivée. Un jour ou l'autre il faut bien tirer des conclusions si on veut finir par comprendre quelque chose à toute cette histoire.

Si j'avais compris plus vite, je serais partie plus vite, bien avant tous les autres absents, avant Franz et son retour qui a tué Grand-mère, avant Grand-mère, avant mon frère, avant Grand-père, même. Maintenant il est trop tard pour partir : j'ai plus personne à quitter. Un départ sans personne qu'on laisse derrière soi pour attendre, c'est pas un départ, c'est rien que du déplacement de carcasse, ça change rien en fait, puisque tout ce qu'on possède est à l'intérieur de soi et qu'on ne quitte pas l'intérieur de soi… à moins de devenir fou. Et puis à c't'heure que j'ai un endroit à moi, je ne peux plus partir… On ne part pas quand on a un endroit à soi, ça ne se fait pas… Faut penser à tous ceux qui n'ont pas de toit…

Tout à l'heure Franz est venu rôder autour de la maison. Il a regardé dans tous les arbres pour voir si j'y étais pas cachée, mais en croisant l'homme triste et sans visage qui est mon père, il a rebroussé chemin. Bien fait pour lui… Parce que s'il avait bien regardé, il m'aurait trouvée… j'étais dans le pommier… Le vieux Samuel me disait de courir vers lui comme avant et de lui sauter au cou... « Regarde, il est tout pas rasé et pas peigné et il a sa grande chemise blanche toute douce… » Mais je pouvais pas, ah ça non, je pouvais pas. Il aurait peut-être été gentil, il aurait senti bon dans le cou, et pour tout ça, tout aurait été à recommencer…

C'est pas parce que l'homme au regard de chiot tout triste est réapparu que je vais me mettre à changer de comportement, qu'ils se le tiennent tous pour dit. Quand on a grandi orpheline avec un frère sans nom qui cherche sa mère dans les étoiles, faut pas s'attendre à ce qu'on devienne du jour au lendemain la fifille à son revenant de père et v'là que je te tends les bras et que je te fais des sourires et que je te demande la permission avant de sortir le soir. Non mais… Hein ? Pour qui ils se prennent tous à venir vers moi puis à repartir sans cesse comme ça en emportant des bouts de moi comme des voleurs et des vandales ?

Le mouillé a gagné la maison de poupée que j'ai dans la tête. Ça sent l'humidité, ça pourrit de partout là-dedans... Les patates du vieux Samuel ont germé, de longs rejets blanchâtres et rosés poussent vers le haut. Depuis ce matin, le vieux Samuel arrête pas d'essuyer les coulées qui suintent le long des murs. Il a les deux pieds mouillés et ça lui donne des « rhumatisses », il gémit. Moi, je regarde ça calmement. C'est le cours normal des événements… je savais que ça arriverait tôt ou tard… Et ça arrive plus tôt que tard, c'est tout. Aujourd'hui ou demain, qu'est-ce que ça change ? Le pire est là, voilà tout. Y a plus de portes à pousser. Elles sont toutes grandes ouvertes et je ne sais pas qui les refermera. Pas le vieux Samuel en tout cas. Il est trop petit et trop vieux pour refermer autant de portes de cette immense maison de poupée qui est cent fois plus grande que ma tête de piaf.

Lorsque le mouillé aura tout pourri là-dedans, je serai peut-être celle que je suis parfois dans le regard de Franz… peut-être… celle que je serai quand j'aurai vomi ce que j'ai en travers de la gorge qui n'est pas une couleuvre ni un lapin. Ça me fait plaisir, cette pensée, parce que celle qui couve là-dedans... à mon avis, elle repoussera loin les calculs et les raisonnements. Ils n'ont rien vu, eux, tous, les bouseux des alentours, les innommables et les faces d'invisibles, les Chleuhs conteurs de pipes et les autruches mal baisées. Ils ont rien vu, c'est ça que je dis. Ma peau de Petite-Misère s'amincit, elle se fendille, à cause du mouillé, mais elle est encore là, même si bientôt des champignons vont se mettre à pousser dans les fissures. C'est là d'ailleurs, dans les crevasses, que se nichent les petits œufs verts dont parle le vieux Samuel.

J'ai tout compris maintenant. Si j'étais eux... les autres... tous... je me méfierais… « Je me méfierais », je répète tout haut, pour que le vieux Samuel essuie de plus belle, pour qu'il redouble d'effort et s'échine à assécher les murs de la maison de poupée. J'aime bien lui faire peur de temps en temps. Il est si ridicule. Il est si petit. Il voudrait tellement me faire plaisir. Tous les soirs depuis une semaine, je sors.

Tous les soirs je laisse le petit homme triste dans la maison, celle que Grand-mère m'a donnée et que je sais pas dans la tête de qui elle est. Je cours jusqu'où il y a des pierres, n'importe où pourvu qu'il y ait des pierres. Souvent, c'est près du lac, où j'allais pêcher avec mon frère il y aura bientôt un an. Je sais qu'ils ont peur, quand je fais ça. « Ils », c'est le petit homme qui se dit mon père, et Franz. Le premier soir, je les ai vus s'agiter. Mon père est allé frapper chez Franz en pensant m'y trouver. Puis je les ai entendus m'appeler. J'ai pas bougé. Quand ils ont été bien loin de la maison, je suis rentrée par la porte de derrière et je suis allée me nicher dans mon lit. C'est là qu'ils m'ont retrouvée le lendemain. Le petit homme triste m'a engueulée comme s'il m'avait toujours connue. « Faut te méfier des rôdeurs la nuit, il a crié. Dorénavant tu restes avec moi le soir. » Puis il m'a serrée fort dans ses bras parce que j'avais pris mon air triste. Mais j'avais pas eu peur du tout. Et j'étais pas triste non plus. Je voulais seulement qu'il se taise et qu'il me fasse une de ces effusions brusques qui me plaisent bien.

Si je sors tous les soirs, c'est pas pour aller voir des garçons. C'est pas pour aller voir des bouseux qui me toucheraient avec leurs mains toutes sales dans un champ derrière une grange vite fait et hop que je te fais des chatouillis et que je te bave dessus pour ensuite me vanter devant les autres cons qui osent pas… Non. Je ne suis pas bégueule, je l'ai déjà dit et je le répète, je suis pas bégueule. Le jour que je me laisserai toucher, ça ne sera pas par un quelconque bouseux des environs… Non. Si je sors le soir, c'est pour aller écouter les pierres. C'est là seulement que je peux respirer. Et c'est là seulement que mes mains se calment, posées bien à plat, la paume contre la pierre qui devient toute chaude. Quand la pierre est chaude, je ferme les yeux et je reste comme ça.

Au fond, si je calcule bien, que j'aie pris la peine d'observer mon visage se recouvrir progressivement de petits boutons rouges n'est pas la chose la plus importante qu'il me soit arrivé de traverser et ce n'est pas ce qui m'embête le plus… déjà se laver, c'est pas drôle… « Ce sont des choses qui arrivent, c'est pas grave l'acné *jouvénile* » le vieux Samuel il dit. Qu'est-ce qu'il en sait d'abord, il a toujours été ridé… il est né de moi fripé comme une vieille saucisse. Ça lui va bien d'ailleurs, ça lui donne un air plus doux, plus rusé.

J'ai toujours préféré les vieux objets, les vieux souvenirs, et comme j'ai pas d'ami, ma grand-mère, c'était aussi mon amie. Une demi-mère et une demi-amie, dans les deux cas ça fait deux personnes entières, moi je pense… J'ai comme ami le vieux Samuel et comme amie Grand-mère, mais elle est morte et engloutie. J'aime donc aussi les vieux amis… « Avec pareil picotin ton bourricot n'ira pas loin », il chante, le vieux Samuel et je ne sais pas pourquoi, mais aujourd'hui ça m'énerve. Et si ça m'énerve, c'est que ça me fait mal… mais je ne comprends pas le pourquoi de cet énervement. « J'l'écraserais ben à coups de talons c'te *veurmine* », il m'entend penser, et ça lui fiche les jetons. Vous auriez dû le voir détaler à toute berzingue. Faudrait pas qu'il en vienne à oublier que le chef, c'est moi.

C'est Petite-Misère, que je suis. PETITE-MISÈRE. Je le répète au cas où vous l'auriez oublié depuis le début. Et le pire ne me fait pas peur. IL NE ME FAIT PAS PEUR. Le pire n'est effrayant que si on ne comprend pas. Grand-mère disait toujours que ce qui fait peur, c'est ce qu'on ne connaît pas. Donc, moi, le pire, j'y suis. J'ai ouvert les yeux ce matin et j'y étais. En plein. Je l'ai su tout de suite. Et ici au milieu des pierres il peut bien poursuivre son œuvre, je n'ai pas peur. Même si je ne le connais pas bien encore, je sais au moins que cette sensation de mouillé sous la peau en fait partie. Et cette drôle de faim dans mon ventre. C'est déjà un début de compréhension, alors je ne vois pas pourquoi j'aurais peur.

Ce qui m'embête le plus, ce n'est pas d'avoir atterri dans du pire. Non. Ce qui me dérange le plus, c'est de ne pas savoir. De ne pas savoir qui a ouvert la dernière porte. Qui a levé le dernier verrou. Qui m'a permis de sauter à pieds joints dans le mouillé. Parce qu'il n'était pas vraiment mais vraiment nécessaire de faire tomber la dernière barrière. Pas nécessaire du tout. Mais maintenant que c'est fait, je voudrais bien savoir... parce qu'au fond, ce qui est important, c'est de pouvoir décider de choses et en comprendre d'autres. Y a que ça qui permette de continuer à avancer.

Je voudrais bien savoir ce qui a osé me faire valser dans du pire. Il me semble que je respirerais mieux, si je le savais. Il me semble que ça ferait entrer un peu d'air dans la maison de poupée de ma tête...

Et comme ça, seulement comme ça, les murs pourraient sécher.

XIV

Le vieux Samuel a eu peur. Je m'en veux un peu, mais pas autant que je le voudrais. Il a eu les foies, parce qu'après tous ces événements, le glorieux vieux Samuel a eu la chiasse... et il a eu beau me regarder avec des yeux chargés de colère, ça n'a rien changé à la situation.

Pendant deux jours, j'ai pu voir la fenêtre des toilettes constamment allumée, c'était assez rigolo... faut dire ce qui est : la maison suintait de partout, et il semblerait que le vieux Samuel ait eu des problèmes de fluidité également. Le pauvre vieux se vidait de trouille. De toute façon, j'avais plus tellement le temps de m'occuper de lui, je devais tout faire dans la maison.

« C'est toi la femme », il dit, l'homme aux yeux de chien battu… on joue à ça… je dois prendre soin de lui, lui faire à manger... Ma grand-mère m'avait montré comment cuire les pommes de terre, mais j'ai vite appris d'autres choses parce que le vieux Samuel, ça lui a pris comme un tic d'en peler. Et puis, on ne peut pas nourrir l'homme triste rien qu'avec des patates... Laver le linge... – ça j'aime moins, faut pas se leurrer –, faire la vaisselle… Tous ces trucs qui prennent du temps et font qu'on ne se voit pas grandir, faut dire ce qui est… ou alors faut mordre sur sa chique. Ça me fatigue un peu de jouer ce jeu-là. Je sens que j'y suis perdante. C'est vrai quoi, on est des petits, nous, alors on est moins résistants, moi je pense.

Le vieux Samuel perché sur sa cuvette ne m'aidait pas beaucoup, et puis on était un peu fâchés depuis notre dispute. Je crois, moi, qu'il attendait que je fasse le premier pas, mais il se fourrait le doigt dans le trognon parce que « c'est à lui à se le magner, le popotin », moi j'disais. On serait restés comme ça encore quelque temps, je nous connais, mais je savais bien qu'un des deux finirait pas craquer. À tout bout de champ, je lui improvisais de l'intérieur une petite chanson qui faisait « l'a une crottocul le poilu, l'est laid sur son bidet tout crotté ». C'était juste pour le faire réagir, parce que j'aime pas perdre. Mais c'était sans résultat. Actuellement...

Dans ces cas-là, d'habitude, c'est lui qui reparlait le premier, il disait un truc du style « T'es qu'une sale gamine de merde, mais tu as de la chance que ton vieux Sam t'aime, crois-moi, t'as de la chance », alors je savais que c'était le signal de « on oublie tout ». Mais cette fois-là, ça avait l'air moins simple que d'habitude. Comme si le temps qui s'écoulait entre nous, à la place de nous rapprocher, nous éloignait lentement. Comme si, pour la première fois, quelque chose s'était chargé avec du grave dans les tons. « Ça ne présage rien de bon », aurait ronchonné ma grand-mère, mais depuis qu'elle est morte, c'est à moi de le dire. Je n'y arrive pas, parce que ça porte la poisse, je crois. De toute façon, on verra bien, je me dis toujours... Je me sens un peu seule, c'est vrai, un peu triste, un peu sale aussi, mais c'est pas mon état naturel. Je me force encore à dire ça : « Ce n'est pas mon état naturel. » Il y a du temps qui entre dans ma tête et ternit tout.

Notre dispute a pris fin un jour que j'avais été jouer dans le grenier. Je m'y étais réfugiée après que l'homme triste soit monté se coucher. J'aime bien me retrouver dans ces odeurs de vieilles choses… ça me rassure, c'est même étonnant comme les traces du passé des autres peuvent nous rassurer sur ce qui nous attend dehors.

J'avais ouvert la grande malle verte que j'ai découverte l'an dernier camouflée sous une pile d'autres trucs. Le vieux Samuel, quand je faisais ça avant, il disait que je me comportais « comme un chien avec un vieil os » et moi, je crois qu'il n'avait pas tout à fait tort, mais je m'en fiche, c'était d'abord pas ses oignons. Cette malle est remplie de bouts de chiffon, de vêtements que ma grand-mère avait démontés « au cas où on aurait besoin d'un bout de tissu ». Et elle contient une grosse boîte de boutons… sans doute ceux des vêtements. Ce jour-là j'ai tenté d'y retrouver un parfum... ma grand-mère est morte en même temps que sa dernière bouteille d'eau de toilette parce qu'on l'a vidée dans le cercueil, vu que « au bout des quatre jours réglementaires d'exposition du corps, elle flairait l'carnier », l'homme aux yeux tristes aime à répéter. Et c'est peut-être ce qui me manque le plus de ma grand-mère, son odeur.

J'ai reniflé les bouts de tissu, ça m'a fait éternuer : la poussière et les petites araignées qui se cachaient dedans. Ça ne sentait plus que la poussière, rien d'autre. Et ça sentait la même chose que moi...

De toute façon, tant qu'on ne touche pas à ma maison de poupée de la tête, le reste, je m'en fiche un peu. Il ne peut rien m'arriver d'autre, parce que de toute façon, je ne peux pas partir de la maison de poupée de celui qui m'a dans la tête... c'est logique : moi aussi je serais malheureuse si je perdais mes habitants de l'intérieur.

Et rien qu'à penser ça, j'ai senti ma maison d'intérieur se mettre à trembler... ça vibrait dans tous les sens, ça n'avait rien de drôle... Le vieux Samuel s'était planqué dans les toilettes ; celui-là, il n'en ratait pas une, et je l'aurais bien écrasé avec mon talon, mais il était si petit. Mama Crevure est sortie de la cave. Elle est revenue en force, plus méchante que toutes les autres fois réunies. Peut-être elle avait fini de tout casser, en tout cas, elle était furieuse, ça je l'ai vu tout de suite. Mama Crevure avec dans la main son couteau blanc qui coupe le ventre en deux. Elle regardait autour d'elle comme le boucher qui tue les cochons de la ferme.

Mais c'est pas ça qui a tué le vieux Samuel, je le sais bien, j'ai vu son corps tout maigre écrasé dans la chambre bleue de la maison de poupée. « La personne qui a fait ça chausse la même pointure que moi, ça devrait être facile de la retrouver », je me dis encore parfois, avec une grosse boule de tristesse qui gonfle et gonfle mais refuse d'éclater. J'ai même plus envie d'appeler Franz au secours. Pourtant, peut-être, je me dis, il viendrait à mon secours. Mais pour faire quoi après ? Hein ? C'est pas tout de sauver quelqu'un, mais après ? Une fois que ce quelqu'un est sauvé ? On en fait quoi ?

Tout ça, c'est pas la chose la plus importante qu'il me soit arrivé de traverser. Tout ça, « ce sont des choses qui arrivent », disait le vieux Samuel, comme ma grand-mère et tout le tintouin qui m'est arrivé depuis... et qui m'est peut-être arrivé depuis le début, mais je ne m'en souviens forcément pas... Tout ça fait partie de ma vie que je traverse à petits pas avec Mama Crevure qui continue à bousiller mes caves de temps à autre... « à faire bouillir mon linge », comme elle dit. Ma grand-mère disait « on change tous, mais la métamorphose, c'est pas du changement... c'est juste le fracas qui fait exister ce changement » et tout ça, faut dire ce qui est : c'est du banal de chez Banal et Cie.

Non... J'ai compris que j'avais passé un sacré cap de marin le jour où mon père aux yeux tristes m'a obligée à dormir avec lui dans le lit de ma grand-mère morte.

On vit drôle, moi je dis.

Maelström

signifie « gouffre, tourbillon », sa symbolique renvoie à *Une descente dans le Maelström*, d'Edgar Allan Poe.

2004

Nikolas List, *La Vallée des Rois*, conte illustré
Lawrence Ferlinghetti, *Blind Poet (Poète Aveugle)*, poésie (bilingue)
Fernando Arrabal, *La Pierre de la Folie*, Livre Panique
Marianne Costa, *Pin-Up Chrysalide*, poésie
Alejandro Jodorowsky, *Les Pierres du Chemin*, poésie (bilingue) (coédition Maelström / Le Veilleur)

2003

Anatole Atlas, *Global Viewpoint, Le point de vue d'Homère sur la face cachée du Monde*, conte et essai
Anne Guilbault, *La Cour*, roman
Anonyme XVe, *Le Miroir de Vie*, pensées et aphorismes
Chantal Deltenre, *La Plus que mère*, roman (prix Jean-Muno 2003)
Evrahim Baran, *De ce côté du Mur*, roman
Denys-Louis Colaux, *Je hais les poètes (vivants !) & Circus*, aphorismes

Titres parus sous le nom des éditions Images d'Yvoires / Maelström

Alejandro Jodorowsky, *De ce dont on ne peut parler*, poésie (bilingue)
Sophie Buyse, L'Organiste, roman
Collectif, *Descentes dans le Maelström*, nouvelles et poésie
André Beem, *Asymptote précédé de Quatre Positions du Dormeur*, récits
Denys-Louis Colaux & Otto Ganz, L'arbre d'Apollon, roman
Guy Montens, *H.V.T. the Hysterical Visionary Tour*, chronique
André Beem, *La Traversée d'Ici*, cantate
Otto Ganz & Werner Lambersy, *Ecce Homo*, jeu-parti
Daniel De Bruycker, *Jãtaka de l'Arbre, légende d'un bodhisattva*, poésie
Atelier Kasba (sous la dir. de), *Devoir de Mémoire*, art et poésie
Collectif, *Clair-Obscur*, nouvelles (coédition Maelström / L'Instant Même)
Collectif, *Dangers*, nouvelles (coédition Maelström / L'Instant Même)

Adage

romans hors collection

Zakaria Lingane, *Qui mâle y pense*, 2000
Nadège Devaux, *S.O.S. Amour*, 2000

collection « Mosaïque »

Maxime Lejeune, *Zacharie* - il était une fois le Maroc (roman), 2003
Lisa Carducci, *Wo ai ni* - des nouvelles de Chine, 2004
Zakaria Lingane, *Akwaba* - des nouvelles d'Afrique de l'Ouest, 2004
Vincent Nadeau, *Chevere !* - des nouvelles de Colombie, 2001
Marie-Josée L'Hérault, *Taïko* - des nouvelles du Japon, 2000

poésie
collection « Aux deux poètes »

Royds Fuentes-Imbert, *L'Épopée du lâche*, 2003
Pierre Hamel, *Voix I*, 2002
Louis Cornellier, Éric Cornellier et Dominique Corneillier, *Folklore*, 2001
Royds Fuentes-Imbert et Dominique Corneillier, *Joie de nous qui passons*, 2000

collection « Abécédaires en haïkus »

Daniel Masson, Danielle Shelton et Anne-Michèle Lévesque, *AZ-3 Livre 2*, 2004
Anne-Michèle Lévesque, Isabel Vaillancourt et Jaquy Lamps, *AZ-3 Livre 1*, 2003

collection « La poésie prend le métro »

Danielle Shelton et Claudine Bertrand (dir.), *L'Espoir*, 2004

autres

Richard Ramsay, *Le dictionnaire érotique*, 2002 (coédition Blanche, Paris)
La Fondation de la tolérance, *Le Bal des couleurs*, 2004 (bédé)

Achevé d'imprimer chez
Marc Veilleux Imprimeur inc.,
à Boucherville (Québec, Canada)
en février 2005